Aromas de Tailandia

Descubre el Sabor Auténtico de la Cocina Tailandesa

Marta Sánchez

Indice

Pollo salteado sencillo *10*
Pollo en salsa de tomate *12*
Pollo Con Tomates *13*
Pollo escalfado con tomates *13*
Pollo y tomates con salsa de frijoles negros *15*
Pollo Cocido Con Verduras *16*
Pollo con nueces *17*
pollo con nueces *18*
Pollo Con Castañas De Agua *19*
Pollo salado con castañas de agua *20*
albóndigas de pollo *22*
Alitas de pollo crujientes *23*
Alitas de pollo cinco especias *24*
Alitas De Pollo Marinadas *25*
Alitas de pollo reales *27*
Alitas de pollo especiadas *29*
Muslos De Pollo A La Parrilla *30*
Muslos De Pollo Hoisin *31*
pollo estofado *32*
Pollo frito crujiente *33*
pollo frito entero *35*
Pollo cinco especias *36*
Gambas Suaves Fritas *37*
tempura de gambas *38*
Bajo goma *39*
Gambas con Tofu *40*
Gambas Con Tomate *41*
Gambas Con Salsa De Tomate *42*
Gambas con salsa de tomate y guindilla *43*
Gambas Fritas Con Salsa De Tomate *44*
Gambas Con Verduras *45*
Gambas con castañas de agua *46*

wonton de gambas 47
Abulón con pollo 48
Abulón con espárragos 49
Abulón con champiñones 51
Abulón con salsa de ostras 52
Almejas al vapor 52
Almejas con brotes de soja 53
Almejas Con Jengibre Y Ajo 54
Almejas fritas 55
Pasteles de cangrejo 56
Crema De Cangrejo 57
Carne de cangrejo con hojas chinas 58
Cangrejo Foo Yung con brotes de soja 59
Cangrejo De Jengibre 60
Cangrejo Lo Mein 61
Cangrejo salteado con cerdo 62
Carne de cangrejo salteada 63
Albóndigas de sepia fritas 64
langosta cantonesa 65
Langosta Frita 66
Langosta al vapor con jamón 67
Langosta con champiñones 68
Colas de langosta con cerdo 69
Langosta frita 71
Nidos de langosta 72
Mejillones en salsa de judías negras 73
Mejillones Con Jengibre 74
Mejillones al vapor 75
Ostras Fritas 76
Ostras con tocino 77
Ostras Fritas Con Jengibre 78
Ostras con salsa de frijoles negros 79
Vieiras con brotes de bambú 80
Vieiras con Huevo 81
Vieiras con Brócoli 82
Vieiras con jengibre 84

vieiras con jamón 85
Revuelto de vieiras a las hierbas 86
Vieiras y cebolla salteadas en una sartén 87
Vieiras Con Verduras 88
Vieiras Con Pimientos 89
Calamares con brotes de soja 90
Calamar frito 92
Paquetes de calamares 93
Rollitos De Calamares Fritos 94
Calamares salteados 95
Calamares Con Champiñones Secos 96
Calamares Con Verduras 97
Ternera estofada con anís 98
Ternera con espárragos 99
Ternera con brotes de bambú 100
Ternera con brotes de bambú y setas 101
carne estofada china 102
Carne de res con brotes de soja 103
Ternera con brócoli 105
Carne de res con sésamo y brócoli 106
Carne a la parrilla 107
Carne Cantonesa 108
Carne De Res Con Zanahorias 109
Ternera con anacardos 110
Cazuela De Carne Lenta 111
Carne De Res Con Coliflor 112
Carne De Res Con Apio 113
Rebanadas De Carne Frita Con Apio 114
Carne De Res En Lonchas Con Pollo Y Apio 115
Ternera con guindilla 116
Ternera con col china 118
Chop Suey de Res 119
Carne De Res Con Pepino 120
Chow Mein de carne 121
Filete De Pepino 123
Curry De Carne Al Horno 124

Abulón marinado	125
Brotes de bambú estofados	127
Pollo Con Pepino	128
Pollo al sésamo	129
Lichi con jengibre	130
Alitas de pollo cocidas rojas	131
Carne De Cangrejo Con Pepino	132
Las setas marinadas	133
Champiñones Marinados Al Ajillo	134
Camarones y Coliflor	135
palitos de jamón con sésamo	136
tofu frio	137
Pollo Con Tocino	138
Papas fritas con pollo y plátano	140
Pollo Con Jengibre Y Champiñones	141
Pollo y Jamón	143
Hígados de pollo a la parrilla	144
Bolas de cangrejo con castañas de agua	145
dim sum	146
Rollitos de jamón y pollo	147
Girasoles de jamón al horno	149
Pescado Pseudo Ahumado	150
Champiñones guisados	152
Champiñones En Salsa De Ostras	153
Rollitos de cerdo y lechuga	154
Albóndigas De Cerdo Y Castañas	156
Albóndigas de cerdo	157
Albóndigas De Cerdo Y Ternera	158
Camarones Mariposa	159
camarones chinos	160
Nubes de dragón	161
Gambas crujientes	162
Gambas Con Salsa De Jengibre	163
Rollitos de camarones y fideos	164
tostada de camarones	166
Wontons de cerdo y gambas con salsa agridulce	167

Caldo de pollo 169
Sopa de brotes de soja y cerdo 170
Sopa De Abulón Y Champiñones 171
Sopa De Pollo Y Espárragos 173
Sopa de res 174
Sopa china de carne y hojas 175
Sopa de repollo 176
Sopa De Carne Picante 177
sopa celestial 179
Sopa de pollo y brotes de bambú 180
Sopa De Pollo Y Maíz 181
Sopa De Pollo Y Jengibre 182
Sopa de pollo con champiñones chinos 183
Sopa De Pollo Y Arroz 184
Sopa De Pollo Y Coco 185
sopa de almejas 186
sopa de huevo 187
Sopa de cangrejo y vieiras 188
sopa de cangrejo 190
Sopa de pescado 191
Sopa de pescado y lechuga 192
Sopa de jengibre con albóndigas 194
Sopa agridulce 195
Sopa de champiñones 196
Sopa de champiñones y repollo 197
Sopa De Huevo Y Champiñones 198
Sopa de champiñones y castañas en agua 199
Sopa De Cerdo Y Champiñones 200
Sopa de cerdo y berros 201
Sopa De Cerdo Y Pepino 202
Sopa con albóndigas y tallarines 203
Sopa De Espinacas Y Tofu 204
Sopa de maíz dulce y cangrejo 205
sopa de sichuan 206
sopa de tofu 208
Sopa de tofu y pescado 209

Sopa de tomate 210
Sopa De Tomate Y Espinacas 211
Sopa De Nabo 212
Sopa 213
sopa vegetariana 214
sopa de berro 215
Pescado Frito Con Verduras 216
Pescado Entero Al Horno 218
Pescado con soja estofado 219

Pollo salteado sencillo

Para 4 personas

1 pechuga de pollo, cortada en rodajas finas

2 rodajas de raíz de jengibre, picada

2 cebolletas (cebolletas), picadas

15 ml / 1 cucharada de harina de maíz (almidón de maíz)

15 ml / 1 cucharada de vino de arroz o jerez seco

30 ml / 2 cucharadas de agua

2,5 ml / ½ cucharadita de sal

45 ml / 3 cucharadas de aceite de maní

100 g / 4 oz de brotes de bambú, en rodajas

100 g de champiñones, en rodajas

100 g de brotes de soja

15 ml / 1 cucharada de salsa de soja

5 ml / 1 cucharadita de azúcar

120 ml / 4 fl oz / ½ taza de caldo de pollo

Coloca el pollo en un bol. Mezclar el jengibre, las cebolletas, la maicena, el vino o jerez, el agua y la sal, agregar el pollo y dejar reposar 1 hora. Calienta la mitad del aceite y fríe el pollo hasta que esté ligeramente dorado, luego retíralo de la sartén. Calentar el aceite restante y sofreír los brotes de bambú, los champiñones y los brotes de soja durante 4 minutos. Añade la salsa de soja, el azúcar y el caldo, lleva a ebullición, tapa y cocina a fuego lento durante 5 minutos hasta que las verduras estén tiernas. Regrese el pollo a la sartén, mezcle bien y vuelva a calentar suavemente antes de servir.

Pollo en salsa de tomate

Para 4 personas

30 ml / 2 cucharadas de aceite de maní

5 ml / 1 cucharadita de sal

2 dientes de ajo machacados

450 g de pollo cortado en cubitos

300 ml / ½ pt / 1¼ tazas de caldo de pollo

120 ml / 4 fl oz / ½ taza de salsa de tomate (catsup)

15 ml / 1 cucharada de harina de maíz (almidón de maíz)

4 cebollines (cebolletas), en rodajas

Calentar el aceite con la sal y el ajo hasta que el ajo esté ligeramente dorado. Agrega el pollo y sofríe hasta que esté ligeramente dorado. Agregue la mayor parte del caldo, lleve a ebullición, cubra y cocine a fuego lento durante unos 15 minutos hasta que el pollo esté tierno. Mezcle el caldo restante con el ketchup y la harina de maíz y revuelva en la sartén. Cocine a fuego lento, revolviendo, hasta que la salsa espese y se aclare. Si la salsa queda demasiado líquida, déjala cocer a fuego lento un rato hasta que se reduzca. Agregue las cebolletas y cocine a fuego lento durante 2 minutos antes de servir.

Pollo Con Tomates

Para 4 personas

225 g de pollo cortado en cubitos
15 ml / 1 cucharada de harina de maíz (almidón de maíz)
15 ml / 1 cucharada de salsa de soja
15 ml / 1 cucharada de vino de arroz o jerez seco
45 ml / 3 cucharadas de aceite de maní
1 cebolla, picada
60 ml / 4 cucharadas de caldo de pollo
5 ml / 1 cucharadita de sal
5 ml / 1 cucharadita de azúcar
2 tomates, pelados y cortados en cubos

Mezclar el pollo con la maicena, la salsa de soja y el vino o jerez y dejar reposar durante 30 minutos. Calentar el aceite y freír el pollo hasta que tome un color claro. Agrega la cebolla y saltea hasta que se ablande. Agrega el caldo, la sal y el azúcar, lleva a ebullición y revuelve suavemente a fuego lento hasta que el pollo esté cocido. Agregue los tomates y revuelva hasta que estén bien calientes.

Pollo escalfado con tomates

Para 4 personas

4 porciones de pollo

4 tomates, pelados y cortados en cuartos

15 ml / 1 cucharada de vino de arroz o jerez seco

15 ml / 1 cucharada de aceite de maní

sal

Coloca el pollo en una sartén y cúbrelo con agua fría. Llevar a ebullición, tapar y cocinar a fuego lento durante 20 minutos. Añade los tomates, el vino o jerez, el aceite y la sal, tapa y cocina a fuego lento durante 10 minutos más hasta que el pollo esté cocido. Coloque el pollo en una fuente caliente y córtelo en trozos. Vuelva a calentar la salsa y vierta sobre el pollo para servir.

Pollo y tomates con salsa de frijoles negros

Para 4 personas

45 ml / 3 cucharadas de aceite de maní

1 diente de ajo, machacado

45 ml / 3 cucharadas de salsa de frijoles negros

225 g de pollo cortado en cubitos

15 ml / 1 cucharada de vino de arroz o jerez seco

5 ml / 1 cucharadita de azúcar

15 ml / 1 cucharada de salsa de soja

90 ml / 6 cucharadas de caldo de pollo

3 tomates, pelados y cortados en cuartos

10 ml / 2 cucharaditas de harina de maíz (almidón de maíz)

45 ml / 3 cucharadas de agua

Calentar el aceite y sofreír los ajos durante 30 segundos. Agrega la salsa de frijoles negros y sofríe durante 30 segundos, luego agrega el pollo y revuelve hasta que esté bien cubierto de aceite. Añade el vino o jerez, el azúcar, la salsa de soja y el caldo, lleva a ebullición, tapa y cocina a fuego lento durante unos 5 minutos hasta que el pollo esté cocido. Mezcle la harina de maíz y el agua hasta formar una pasta, agregue a la sartén y cocine a fuego lento, revolviendo, hasta que la salsa se aclare y espese.

Pollo Cocido Con Verduras

Para 4 personas

1 clara de huevo

50 g de harina de maíz (almidón de maíz)

225 g de pechugas de pollo cortadas en tiras

75 ml / 5 cucharadas de aceite de maní

200 g / 7 oz de brotes de bambú, cortados en tiras

50 g de brotes de soja

1 pimiento verde, cortado en tiras

3 cebollines (cebolletas), en rodajas

1 rodaja de raíz de jengibre, picada

1 diente de ajo, picado

15 ml / 1 cucharada de vino de arroz o jerez seco

Batir la clara de huevo y la harina de maíz, luego sumergir las tiras de pollo en la mezcla. Calienta el aceite a fuego moderado y fríe el pollo durante unos minutos hasta que esté bien cocido. Retirar de la sartén y escurrir bien. Añade los brotes de bambú, los brotes de soja, el pimiento, la cebolla, el jengibre y el ajo a la sartén y sofríe durante 3 minutos. Agrega el vino o jerez y regresa el pollo a la sartén. Mezclar bien y recalentar antes de servir.

Pollo con nueces

Para 4 personas

45 ml / 3 cucharadas de aceite de maní
2 cebolletas (cebolletas), picadas
1 rodaja de raíz de jengibre, picada
450 g de pechuga de pollo, en rodajas finas
50 g de jamón, picado
30 ml / 2 cucharadas de salsa de soja
30 ml / 2 cucharadas de vino de arroz o jerez seco
5 ml / 1 cucharadita de azúcar
5 ml / 1 cucharadita de sal
100 g / 4 oz / 1 taza de nueces picadas

Calentar el aceite y sofreír la cebolla y el jengibre durante 1 minuto. Agrega el pollo y el jamón y sofríe durante 5 minutos hasta que estén casi cocidos. Agrega la salsa de soja, el vino o jerez, el azúcar y la sal y sofríe durante 3 minutos. Agrega las nueces y sofríe durante 1 minuto hasta que los ingredientes estén bien combinados.

pollo con nueces

Para 4 personas

100 g / 4 oz / 1 taza de nueces sin cáscara, partidas por la mitad
freír aceite
45 ml / 3 cucharadas de aceite de maní
2 rodajas de raíz de jengibre, picada
225 g de pollo cortado en cubitos
100 g / 4 oz de brotes de bambú, en rodajas
75 ml / 5 cucharadas de caldo de pollo

Preparar las nueces, calentar el aceite y sofreír las nueces hasta que estén doradas, luego escurrirlas bien. Calienta aceite de maní y fríe el jengibre durante 30 segundos. Agrega el pollo y sofríe hasta que esté ligeramente dorado. Agregue los ingredientes restantes, lleve a ebullición y cocine a fuego lento, revolviendo, hasta que el pollo esté cocido.

Pollo Con Castañas De Agua

Para 4 personas

45 ml / 3 cucharadas de aceite de maní

2 dientes de ajo machacados

2 cebolletas (cebolletas), picadas

1 rodaja de raíz de jengibre, picada

225 g de pechuga de pollo cortada en hojuelas

100 g de castañas de agua cortadas en hojuelas

45 ml / 3 cucharadas de salsa de soja

15 ml / 1 cucharada de vino de arroz o jerez seco

5 ml / 1 cucharadita de harina de maíz (almidón de maíz)

Calentar el aceite y sofreír los ajos, las cebolletas y el jengibre hasta que estén ligeramente dorados. Agrega el pollo y sofríe durante 5 minutos. Añade las castañas de agua y sofríe durante 3 minutos. Agrega la salsa de soja, el vino o jerez y la maicena y sofríe durante unos 5 minutos hasta que el pollo esté cocido.

Pollo salado con castañas de agua

Para 4 personas

30 ml / 2 cucharadas de aceite de maní

4 piezas de pollo

3 cebolletas (cebolletas), picadas

2 dientes de ajo machacados

1 rodaja de raíz de jengibre, picada

250 ml / 8 fl oz / 1 taza de salsa de soja

30 ml / 2 cucharadas de vino de arroz o jerez seco

30 ml / 2 cucharadas de azúcar moreno

5 ml / 1 cucharadita de sal

375 ml / 13 fl oz / 1¼ tazas de agua

225 g de castañas de agua, en rodajas

15 ml / 1 cucharada de harina de maíz (almidón de maíz)

Calentar el aceite y freír los trozos de pollo hasta que estén dorados. Agrega las cebolletas, el ajo y el jengibre y sofríe durante 2 minutos. Agrega la salsa de soja, el vino o jerez, el azúcar y la sal y mezcla bien. Agrega agua y lleva a ebullición, tapa y cocina a fuego lento durante 20 minutos. Agrega las castañas de agua, tapa y cocina por 20 minutos más. Mezcle la harina de maíz con un poco de agua, incorpórela a la salsa y cocine a fuego lento, revolviendo, hasta que la salsa se aclare y espese.

albóndigas de pollo

Para 4 personas

4 champiñones chinos secos
450 g de pechuga de pollo desmenuzada
225 g de verduras mixtas, picadas
1 cebolla tierna (cebolleta), picada
15 ml / 1 cucharada de salsa de soja
2,5 ml / ½ cucharadita de sal
40 pieles de wonton
1 huevo batido

Remojar los champiñones en agua tibia durante 30 minutos y luego escurrirlos. Quitar los tallos y picar las tapas. Mezclar con pollo, verduras, salsa de soja y sal.

Para doblar los wontons, sostenga la piel en la palma de su mano izquierda y vierta un poco de relleno en el centro. Humedece los bordes con el huevo y dobla la piel formando un triángulo sellando los bordes. Humedece las esquinas con el huevo y voltéalas.

Pon a hervir una olla llena de agua. Añade los wontons y cocina a fuego lento durante unos 10 minutos hasta que lleguen a la superficie.

Alitas de pollo crujientes

Para 4 personas

900 g / 2 libras de alitas de pollo
60 ml / 4 cucharadas de vino de arroz o jerez seco
60 ml / 4 cucharadas de salsa de soja
50 g / 2 oz / ½ taza de harina de maíz (almidón de maíz)
aceite de maní (cacahuetes) para freír

Coloca las alitas de pollo en un bol. Mezcla los demás ingredientes y viértelos sobre las alitas de pollo, mezclando bien para que queden cubiertas por la salsa. Tapar y dejar reposar durante 30 minutos. Calienta el aceite y fríe el pollo en tandas hasta que esté cocido y de color dorado oscuro. Escurrir bien sobre toallas de papel y mantener caliente mientras se fríe el pollo restante.

Alitas de pollo cinco especias

Para 4 personas

30 ml / 2 cucharadas de aceite de maní

2 dientes de ajo machacados

450 g / 1 libra de alitas de pollo

250 ml / 8 fl oz / 1 taza de caldo de pollo

30 ml / 2 cucharadas de salsa de soja

5 ml / 1 cucharadita de azúcar

5 ml / 1 cucharadita de polvo de cinco especias

Calienta el aceite y el ajo hasta que el ajo esté ligeramente dorado. Agrega el pollo y sofríe hasta que esté ligeramente dorado. Agrega los demás ingredientes, mezcla bien y lleva a ebullición. Tape y cocine a fuego lento durante unos 15 minutos hasta que el pollo esté cocido. Retire la tapa y continúe cocinando a fuego lento, revolviendo ocasionalmente, hasta que casi todo el líquido se haya evaporado. Servir caliente o frío.

Alitas De Pollo Marinadas

Para 4 personas

45 ml / 3 cucharadas de salsa de soja

45 ml / 3 cucharadas de vino de arroz o jerez seco

30 ml / 2 cucharadas de azúcar moreno

5 ml / 1 cucharadita de raíz de jengibre rallada

2 dientes de ajo machacados

6 cebollines (cebolletas), en rodajas

450 g / 1 libra de alitas de pollo

30 ml / 2 cucharadas de aceite de maní

225 g / 8 oz de brotes de bambú, rebanados

20 ml / 4 cucharaditas de harina de maíz (almidón de maíz)

175 ml / 6 fl oz / ¾ taza de caldo de pollo

Agregue la salsa de soja, el vino o jerez, el azúcar, el jengibre, el ajo y las cebolletas. Agregue las alitas de pollo y revuelva para cubrirlas por completo. Tapar y dejar reposar durante 1 hora, revolviendo ocasionalmente. Calentar el aceite y sofreír los brotes de bambú durante 2 minutos. Retíralos de la sartén. Escurrir el pollo y la cebolla, reservando la marinada. Calienta el aceite y fríe el pollo hasta que esté dorado por todos lados. Tape y cocine por 20 minutos más hasta que el pollo esté tierno. Licúa la maicena con el caldo y la marinada reservada. Vierta sobre el pollo y lleve a ebullición, revolviendo, hasta que la salsa espese. Agregue los brotes de bambú y cocine a fuego lento, revolviendo, durante 2 minutos más.

Alitas de pollo reales

Para 4 personas

12 alitas de pollo

250 ml / 8 fl oz / 1 taza de aceite de maní

15 ml / 1 cucharada de azúcar en polvo

2 cebolletas (cebolletas), cortadas en trozos

5 rodajas de raíz de jengibre

5 ml / 1 cucharadita de sal

45 ml / 3 cucharadas de salsa de soja

250 ml / 8 fl oz / 1 taza de vino de arroz o jerez seco

250 ml / 8 fl oz / 1 taza de caldo de pollo

10 rodajas de brotes de bambú

15 ml / 1 cucharada de harina de maíz (almidón de maíz)

15 ml / 1 cucharada de agua

2,5 ml / ½ cucharadita de aceite de sésamo

Blanquear las alitas de pollo en agua hirviendo durante 5 minutos y escurrir bien. Calentar el aceite, agregar el azúcar y remover hasta que se derrita y se dore. Añade el pollo, las cebolletas, el jengibre, la sal, la salsa de soja, el vino y el caldo, deja hervir y cocina a fuego lento durante 20 minutos. Agregue los brotes de bambú y cocine a fuego lento durante 2 minutos o hasta que el líquido se haya evaporado en su mayor parte. Licúa la harina de maíz con el agua, revuélvela en la sartén y revuelve hasta que espese. Transfiera las alitas de pollo a un plato para servir caliente y sírvalas espolvoreadas con aceite de sésamo.

Alitas de pollo especiadas

Para 4 personas

30 ml / 2 cucharadas de aceite de maní

5 ml / 1 cucharadita de sal

2 dientes de ajo machacados

900 g / 2 libras de alitas de pollo

30 ml / 2 cucharadas de vino de arroz o jerez seco

30 ml / 2 cucharadas de salsa de soja

30 ml / 2 cucharadas de puré de tomate (pasta)

15 ml / 1 cucharada de salsa inglesa

Calentar el aceite, la sal y el ajo y sofreír hasta que el ajo se dore ligeramente. Agregue las alitas de pollo y fríalas, revolviendo con frecuencia, durante unos 10 minutos hasta que estén doradas y casi cocidas. Agrega el resto de los ingredientes y sofríe durante unos 5 minutos hasta que el pollo esté crujiente y bien cocido.

Muslos De Pollo A La Parrilla

Para 4 personas

16 muslos de pollo
30 ml / 2 cucharadas de vino de arroz o jerez seco
30 ml / 2 cucharadas de vinagre de vino
30 ml / 2 cucharadas de aceite de oliva
sal y pimienta recién molida
120 ml / 4 fl oz / ½ taza de jugo de naranja
30 ml / 2 cucharadas de salsa de soja
30 ml / 2 cucharadas de miel
15 ml / 1 cucharada de jugo de limón
2 rodajas de raíz de jengibre, picada
120 ml / 4 fl oz / ½ taza de salsa de chile

Mezclar todos los ingredientes excepto la salsa de chile, tapar y dejar marinar en el refrigerador durante la noche. Retire el pollo de la marinada y cocínelo a la parrilla o ase (asado) durante unos 25 minutos, volteándolo y mezclándolo con la salsa de chile mientras se cocina.

Muslos De Pollo Hoisin

Para 4 personas

8 muslos de pollo

600 ml / 1 pt / 2½ tazas de caldo de pollo

sal y pimienta recién molida

250 ml / 8 fl oz / 1 taza de salsa hoisin

30 ml / 2 cucharadas de harina común (para todo uso)

2 huevos batidos

100 g / 4 oz / 1 taza de pan rallado

freír aceite

Coloque los palillos y el caldo en una cacerola, lleve a ebullición, tape y cocine a fuego lento durante 20 minutos hasta que esté bien cocido. Retire el pollo de la sartén y séquelo con toallas de papel. Coloca el pollo en un bol y sazona con sal y pimienta. Vierta sobre la salsa hoisin y deje marinar durante 1 hora. Drenar. Coloque el pollo en la harina, luego cubra con los huevos y el pan rallado, luego nuevamente con el huevo y el pan rallado. Calentar el aceite y freír el pollo durante unos 5 minutos hasta que esté dorado. Escurrir sobre papel absorbente y servir frío o caliente.

pollo estofado

Para 4-6 personas

75 ml / 5 cucharadas de aceite de maní
1 pollo
3 cebollines (cebolletas), en rodajas
3 rodajas de raíz de jengibre
120 ml / 4 fl oz / ½ taza de salsa de soja
30 ml / 2 cucharadas de vino de arroz o jerez seco
5 ml / 1 cucharadita de azúcar

Calentar el aceite y freír el pollo hasta que esté dorado. Añade las cebolletas, el jengibre, la salsa de soja y el vino o jerez y deja hervir. Tape y cocine a fuego lento durante 30 minutos, revolviendo ocasionalmente. Agrega el azúcar, tapa y cocina a fuego lento durante otros 30 minutos hasta que el pollo esté cocido.

Pollo frito crujiente

Para 4 personas

1 pollo

sal

30 ml / 2 cucharadas de vino de arroz o jerez seco

3 cebolletas (cebolletas), picadas

1 rodaja de raíz de jengibre

30 ml / 2 cucharadas de salsa de soja

30 ml / 2 cucharadas de azúcar

5 ml / 1 cucharadita de clavo entero

5 ml / 1 cucharadita de sal

5 ml / 1 cucharadita de granos de pimienta

150ml / ¼ pt / generoso ½ taza de caldo de pollo

freír aceite

1 lechuga, rallada

4 tomates, rebanados

½ pepino, rebanado

Frote el pollo con sal y déjelo por 3 horas. Enjuague y coloque en un bol. Añade el vino o jerez, el jengibre, la salsa de soja, el azúcar, los clavos, la sal, los granos de pimienta y el caldo y rocía bien. Coloque el recipiente en una vaporera, cubra y cocine al vapor durante aproximadamente 2¼ horas hasta que el pollo esté completamente cocido. Drenar. Calentar el aceite hasta que humee, luego agregar el pollo y freír hasta que esté dorado. Freír durante 5 minutos más, luego retirar del aceite y escurrir. Córtelos en trozos y colóquelos en un plato para servir caliente. Adorne con lechuga, tomates y pepino y sirva con salsa de sal y pimienta.

pollo frito entero

Para 5 personas

1 pollo
10 ml / 2 cucharaditas de sal
15 ml / 1 cucharada de vino de arroz o jerez seco
2 cebolletas (cebolletas), cortadas por la mitad
3 rodajas de raíz de jengibre, cortadas en tiras
freír aceite

Seque el pollo y frote la piel con sal y vino o jerez. Coloque las cebolletas y el jengibre dentro de la cavidad. Cuelgue el pollo para que se seque en un lugar fresco durante aproximadamente 3 horas. Calienta el aceite y coloca el pollo en una cesta para freír. Sumerja suavemente en el aceite y rocíe continuamente por dentro y por fuera hasta que el pollo adquiera un color claro. Retirar del aceite y dejar enfriar un poco mientras calientas el aceite. Freír nuevamente hasta que estén doradas. Escurrirlas bien y cortarlas en trozos.

Pollo cinco especias

Para 4-6 personas

1 pollo
120 ml / 4 fl oz / ½ taza de salsa de soja
2,5 cm / 1 pieza de raíz de jengibre picada
1 diente de ajo, machacado
15 ml / 1 cucharada de polvo de cinco especias
30 ml / 2 cucharadas de vino de arroz o jerez seco
30 ml / 2 cucharadas de miel
2,5 ml / ½ cucharadita de aceite de sésamo
freír aceite
30 ml / 2 cucharadas de sal
5 ml / 1 cucharadita de pimienta recién molida

Coloque el pollo en una cacerola grande y llénelo con agua hasta la mitad del muslo. Reserva 15ml/1 cucharada de salsa de soja y añade el resto a la sartén con el jengibre, el ajo y la mitad del polvo de cinco especias. Llevar a ebullición, tapar y cocinar a fuego lento durante 5 minutos. Apague el fuego y deje que el pollo repose en el agua hasta que esté tibia. Drenar.

Corta el pollo por la mitad a lo largo y colócalo con el lado cortado hacia abajo en una bandeja para hornear. Mezcle el resto de la salsa de soja y el polvo de cinco especias con el vino o jerez, la miel y el aceite de sésamo. Frote la mezcla sobre el pollo y déjelo reposar durante 2 horas, untando ocasionalmente con la mezcla. Calienta el aceite y fríe las mitades de pollo durante unos 15 minutos hasta que estén doradas y bien cocidas. Escurrirlas sobre papel absorbente y cortarlas en trozos del tamaño de una ración.

Mientras tanto, mezcle sal y pimienta y caliente en una sartén seca durante unos 2 minutos. Sirva como salsa con el pollo.

Gambas Suaves Fritas

Para 4 personas
75 g/3 oz/½ taza colmada de harina de maíz (almidón de maíz)
1 clara de huevo
5 ml/1 cucharadita de vino de arroz o jerez seco
sal
350 g de gambas peladas
freír aceite

Batir la maicena, la clara de huevo, el vino o jerez y una pizca de sal hasta obtener una masa espesa. Sumerge los langostinos en la masa hasta que estén bien cubiertos. Calentar el aceite hasta que esté caliente y sofreír las gambas unos minutos hasta que estén doradas. Retirar del aceite, calentar hasta que esté caliente y luego freír las gambas nuevamente hasta que estén crujientes y doradas.

tempura de gambas

Para 4 personas

450 g de gambas peladas
30 ml/2 cucharadas de harina (para todo uso).
30 ml/2 cucharadas de harina de maíz (almidón de maíz)
30 ml/2 cucharadas de agua
2 huevos batidos
freír aceite

Corta los langostinos por la mitad por la curva interior y ábrelos para formar una mariposa. Mezcle la harina, la maicena y el agua hasta obtener una masa, luego agregue los huevos. Calentar el aceite y sofreír las gambas hasta que estén doradas.

Bajo goma

Para 4 personas

30 ml/2 cucharadas de aceite de maní (maní).

2 cebolletas (cebolletas), picadas

1 diente de ajo, machacado

1 rodaja de raíz de jengibre, picada

100 g de pechuga de pollo cortada en tiras

100 g de jamón cortado en tiras

100 g de brotes de bambú, cortados en tiras

100 g de castañas de agua cortadas en tiras

225 g de gambas peladas

30 ml/2 cucharadas de salsa de soja

30 ml/2 cucharadas de vino de arroz o jerez seco

5 ml/1 cucharadita de sal

5ml/1 cucharadita de azúcar

5 ml/1 cucharadita de harina de maíz (almidón de maíz)

Calentar el aceite y sofreír las cebolletas, el ajo y el jengibre hasta que estén dorados. Agrega el pollo y sofríe durante 1 minuto. Añade el jamón, los brotes de bambú y las castañas de agua y sofríe durante 3 minutos. Añade las gambas y sofríe durante 1 minuto. Agrega la salsa de soja, el vino o jerez, la sal y el azúcar y sofríe durante 2 minutos. Mezclar la maicena con un poco de agua, verterla en la cacerola y cocinar a fuego lento, revolviendo, durante 2 minutos.

Gambas con Tofu

Para 4 personas

45 ml/3 cucharadas de aceite de maní (maní).
225 g de tofu, cortado en cubitos
1 cebolla tierna (cebolleta), picada
1 diente de ajo, machacado
15 ml/1 cucharada de salsa de soja
5ml/1 cucharadita de azúcar
90 ml/6 cucharadas de caldo de pescado
225 g de gambas peladas
15 ml/1 cucharada de harina de maíz (almidón de maíz)
45 ml/3 cucharadas de agua

Calienta la mitad del aceite y fríe el tofu hasta que esté ligeramente dorado, luego retíralo de la sartén. Calentar el aceite restante y sofreír las cebolletas y el ajo hasta que estén dorados. Agrega la salsa de soja, el azúcar y el caldo y deja hervir. Agrega las gambas y revuelve a fuego lento durante 3 minutos. Licue la harina de maíz y el agua hasta formar una pasta, agregue a la sartén y cocine a fuego lento, revolviendo, hasta que la salsa espese. Regrese el tofu a la sartén y cocine a fuego lento hasta que esté caliente.

Gambas Con Tomate

Para 4 personas

2 claras de huevo

30 ml/2 cucharadas de harina de maíz (almidón de maíz)

5 ml/1 cucharadita de sal

450 g de gambas peladas

freír aceite

30 ml/2 cucharadas de vino de arroz o jerez seco

225 g de tomates pelados, sin semillas y picados

Mezclar las claras, la maicena y la sal. Añade los langostinos hasta que estén bien cubiertos. Calentar el aceite y sofreír las gambas hasta que estén cocidas. Vierta todo menos 15 ml/1 cucharada de aceite y caliente. Agrega el vino o jerez y los tomates y deja hervir. Añade las gambas y caliéntalas rápidamente antes de servir.

Gambas Con Salsa De Tomate

Para 4 personas

30 ml/2 cucharadas de aceite de maní (maní).
1 diente de ajo, machacado
2 rodajas de raíz de jengibre, picada
2,5 ml/¬Ω cucharadita de sal
15 ml/1 cucharada de vino de arroz o jerez seco
15 ml/1 cucharada de salsa de soja
6 ml/4 cucharadas de ketchup (catsup)
120 ml/4 fl oz/¬Ω taza de caldo de pescado
350 g de gambas peladas
10 ml/2 cucharaditas de harina de maíz (almidón de maíz)
30 ml/2 cucharadas de agua

Calentar el aceite y sofreír el ajo, el jengibre y la sal durante 2 minutos. Agrega el vino o jerez, la salsa de soja, el ketchup y el caldo y deja hervir. Agrega los langostinos, tapa y cocina por 2 minutos. Mezclar la harina de maíz y el agua hasta formar una masa, verterla en la sartén y cocinar a fuego lento, revolviendo, hasta que la salsa se aclare y espese.

Gambas con salsa de tomate y guindilla

Para 4 personas

60 ml/4 cucharadas de aceite de maní (maní).
15 ml/1 cucharada de jengibre picado
15 ml/1 cucharada de ajo picado
15 ml/1 cucharada de cebolleta picada
60 ml/4 cucharadas de pasta de tomate√©e (pasta)
15ml/1 cucharada de salsa de chile
450 g de gambas peladas
15 ml/1 cucharada de harina de maíz (almidón de maíz)
15 ml/1 cucharada de agua

Calentar el aceite y sofreír el jengibre, el ajo y la cebolleta durante 1 minuto. Agrega la pasta de tomate y la salsa de chile y mezcla bien. Añade las gambas y sofríe durante 2 minutos. Licue la harina de maíz y el agua hasta formar una pasta, revuelva en la sartén y cocine a fuego lento hasta que la salsa espese. Servir inmediatamente.

Gambas Fritas Con Salsa De Tomate

Para 4 personas

50 g/2 oz/¬Ω taza de harina común (para todo uso).

2,5 ml/¬Ω cucharadita de sal

1 huevo, ligeramente batido

30 ml/2 cucharadas de agua

450 g de gambas peladas

freír aceite

30 ml/2 cucharadas de aceite de maní (maní).

1 cebolla, finamente picada

2 rodajas de raíz de jengibre, picada

75 ml/5 cucharadas de ketchup (catsup)

10 ml/2 cucharaditas de harina de maíz (almidón de maíz)

30 ml/2 cucharadas de agua

Batir la harina, la sal, el huevo y el agua hasta formar una masa, añadiendo un poco de agua si es necesario. Mezcle con los camarones hasta que estén bien cubiertos. Calentar el aceite y sofreír las gambas unos minutos hasta que estén crujientes y doradas. Escurrir sobre papel de cocina.

Mientras tanto, calentar el aceite y sofreír la cebolla y el jengibre hasta que se ablanden. Agrega el ketchup y cocina a fuego lento durante 3 minutos. Mezcle la harina de maíz y el agua hasta formar una pasta, agregue a la sartén y cocine a fuego lento, revolviendo, hasta que la salsa espese. Agregue los camarones a la sartén y cocine a fuego lento hasta que estén completamente calientes. Servir inmediatamente.

Gambas Con Verduras

Para 4 personas

15 ml/1 cucharada de aceite de maní (cacahuete).

225 g/8 oz de floretes de brócoli

225 g de champiñones

225 g de brotes de bambú, en rodajas

450 g de gambas peladas

120 ml/4 fl oz/¬Ω taza de caldo de pollo

5 ml/1 cucharadita de harina de maíz (almidón de maíz)

5 ml/1 cucharadita de salsa de ostras

2,5 ml/¬Ω cucharadita de azúcar

2,5 ml/¬Ω cucharadita de raíz de jengibre rallada

una pizca de pimienta recién molida

Calentar el aceite y sofreír el brócoli durante 1 minuto. Agrega los champiñones y los brotes de bambú y sofríe durante 2 minutos. Añade las gambas y sofríe durante 2 minutos. Mezclar los demás ingredientes y agregar a la mezcla de langostinos. Llevar a ebullición, revolviendo, luego cocinar a fuego lento durante 1 minuto, revolviendo constantemente.

Gambas con castañas de agua

Para 4 personas

60 ml/4 cucharadas de aceite de maní (maní).
1 diente de ajo, picado
1 rodaja de raíz de jengibre, picada
450 g de gambas peladas
30 ml/2 cucharadas de vino de arroz o jerez seco 225 g/8 oz de castañas de agua, en rodajas
30 ml/2 cucharadas de salsa de soja
15 ml/1 cucharada de harina de maíz (almidón de maíz)
45 ml/3 cucharadas de agua

Calentar el aceite y sofreír el ajo y el jengibre hasta que estén dorados. Añade las gambas y sofríe durante 1 minuto. Agrega el vino o jerez y mezcla bien. Añade las castañas de agua y sofríe durante 5 minutos. Agrega los demás ingredientes y sofríe durante 2 minutos.

wonton de gambas

Para 4 personas

450 g de gambas peladas y picadas
225 g de verduras mixtas, picadas
15 ml/1 cucharada de salsa de soja
2,5 ml/¬Ω cucharadita de sal
unas gotas de aceite de sésamo
40 pieles de wonton
freír aceite

Mezclar las gambas, las verduras, la salsa de soja, la sal y el aceite de sésamo.

Para doblar los wontons, sostenga la piel en la palma de su mano izquierda y vierta un poco de relleno en el centro. Humedece los bordes con el huevo y dobla la piel formando un triángulo sellando los bordes. Humedece las esquinas con huevo y gíralas.

Calentar el aceite y freír los wontons de a poco hasta que estén dorados. Escurrir bien antes de servir.

Abulón con pollo

Para 4 personas

400 g de abulón enlatado
30 ml/2 cucharadas de aceite de maní (maní).
100 g de pechuga de pollo cortada en cubitos
100 g de brotes de bambú, en rodajas
250 ml/8 fl oz/1 taza de caldo de pescado
15 ml/1 cucharada de vino de arroz o jerez seco
5ml/1 cucharadita de azúcar
2,5 ml/¬Ω cucharadita de sal
15 ml/1 cucharada de harina de maíz (almidón de maíz)

45 ml/3 cucharadas de agua

Escurrir y cortar en rodajas el abulón, reservando el jugo. Calentar el aceite y freír el pollo hasta que tome un color claro. Agrega el abulón y los brotes de bambú y sofríe durante 1 minuto. Añade el líquido de abulón, el caldo, el vino o jerez, el azúcar y la sal, lleva a ebullición y cocina a fuego lento durante 2 minutos. Mezcle la harina de maíz y el agua hasta obtener una pasta y cocine a fuego lento, revolviendo, hasta que la salsa se aclare y espese. Servir inmediatamente.

Abulón con espárragos

Para 4 personas

10 champiñones chinos secos
30 ml/2 cucharadas de aceite de maní (maní).
15 ml/1 cucharada de agua
225 g de espárragos
2,5 ml/¬Ω cucharadita de salsa de pescado
15 ml/1 cucharada de harina de maíz (almidón de maíz)

225 g/8 oz de abulón enlatado, en rodajas
60 ml/4 cucharadas de caldo
¬Ω zanahoria pequeña, en rodajas
5 ml/1 cucharadita de salsa de soja
5 ml/1 cucharadita de salsa de ostras
5 ml/1 cucharadita de vino de arroz o jerez seco

Remojar los champiñones en agua tibia durante 30 minutos y luego escurrirlos. Deseche los tallos. Calentar 15 ml/1 cucharada de aceite con agua y sofreír las cabezas de los champiñones durante 10 minutos. Mientras tanto, cocer los espárragos en agua hirviendo con la salsa de pescado y 5ml/1 cucharadita de maicena hasta que estén tiernos. Escurrir bien y colocar en un plato caliente para servir con los champiñones. Mantenlos calientes. Calentar el aceite restante y sofreír el abulón unos segundos, luego añadir el caldo, la zanahoria, la salsa de soja, la salsa de ostras, el vino o jerez y el resto de la maicena. Cocine durante unos 5 minutos hasta que esté bien cocido, luego vierta sobre los espárragos y sirva.

Abulón con champiñones

Para 4 personas

6 champiñones chinos secos
400 g de abulón enlatado
45 ml/3 cucharadas de aceite de maní (maní).
2,5 ml/½ cucharadita de sal
15 ml/1 cucharada de vino de arroz o jerez seco
3 cebolletas (cebolletas), cortadas en rodajas gruesas

Remojar los champiñones en agua tibia durante 30 minutos y luego escurrirlos. Retire los tallos y corte las tapas. Escurrir y cortar en rodajas el abulón, reservando el jugo. Calentar el aceite y sofreír la sal y los champiñones durante 2 minutos. Agrega el líquido de abulón y el jerez, lleva a ebullición, tapa y cocina a fuego lento durante 3 minutos. Agregue el abulón y las cebolletas y cocine a fuego lento hasta que estén completamente calientes. Servir inmediatamente.

Abulón con salsa de ostras

Para 4 personas

400 g de abulón enlatado
15 ml/1 cucharada de harina de maíz (almidón de maíz)
15 ml/1 cucharada de salsa de soja
45 ml/3 cucharadas de salsa de ostras
30 ml/2 cucharadas de aceite de maní (maní).
50 g de jamón ahumado picado

Escurrir la lata de abulón y reservar 90 ml/6 cucharadas de líquido. Mézclalo con la maicena, la salsa de soja y la salsa de ostras. Calentar el aceite y sofreír el abulón escurrido durante 1 minuto. Agregue la mezcla de salsa y cocine a fuego lento, revolviendo, durante aproximadamente 1 minuto hasta que esté caliente. Transfiera a una fuente caliente y sirva adornado con jamón.

Almejas al vapor

Para 4 personas

24 almejas

Limpiar bien las almejas y dejarlas en remojo en agua con sal durante unas horas. Enjuágalas con agua corriente y colócalas en una fuente honda apta para horno. Colóquelas sobre una rejilla en la vaporera, cubra y cocine al vapor en agua hirviendo a fuego lento durante unos 10 minutos hasta que todas las almejas se hayan abierto. Deseche los que queden cerrados. Servir con salsas.

Almejas con brotes de soja

Para 4 personas

24 almejas
15 ml/1 cucharada de aceite de maní (cacahuete).
150 g de brotes de soja
1 pimiento verde, cortado en tiras
2 cebolletas (cebolletas), picadas
15 ml/1 cucharada de vino de arroz o jerez seco
sal y pimienta recién molida
2,5 ml/¬Ω cucharadita de aceite de sésamo
50 g de jamón ahumado picado

Limpiar bien las almejas y dejarlas en remojo en agua con sal durante unas horas. Enjuague con agua corriente. Poner a hervir una cacerola con agua, añadir las almejas y cocinar unos minutos hasta que se abran. Escurrir y desechar los restos sin abrir. Retire las almejas de las conchas.

Calentar el aceite y sofreír los brotes de soja durante 1 minuto. Añade el pimiento y las cebolletas y sofríe durante 2 minutos. Agrega el vino o jerez y sazona con sal y pimienta. Caliente bien, luego agregue las almejas y revuelva hasta que estén bien combinadas y calientes. Transfiera a un plato para servir caliente y sirva espolvoreado con aceite de sésamo y jamón.

Almejas Con Jengibre Y Ajo

Para 4 personas

24 almejas
15 ml/1 cucharada de aceite de maní (cacahuete).
2 rodajas de raíz de jengibre, picada
2 dientes de ajo machacados
15 ml/1 cucharada de agua
5 ml/1 cucharadita de aceite de sésamo
sal y pimienta recién molida

Limpiar bien las almejas y dejarlas en remojo en agua con sal durante unas horas. Enjuague con agua corriente. Calentar el aceite y sofreír el jengibre y el ajo durante 30 segundos. Agrega las almejas, el agua y el aceite de sésamo, tapa y cocina durante unos 5 minutos hasta que las almejas se abran. Deseche los que queden cerrados. Sazone ligeramente con sal y pimienta y sirva inmediatamente.

Almejas fritas

Para 4 personas

24 almejas

60 ml/4 cucharadas de aceite de maní (maní).

4 dientes de ajo, picados

1 cebolla, picada

2,5 ml/¬Ω cucharadita de sal

Limpiar bien las almejas y dejarlas en remojo en agua con sal durante unas horas. Enjuague con agua corriente y luego seque.

Calentar el aceite y sofreír el ajo, la cebolla y la sal hasta que se ablanden. Agrega las almejas, tapa y cocina a fuego lento durante unos 5 minutos hasta que se hayan abierto todas las conchas. Deseche los que queden cerrados. Freír suavemente durante 1 minuto más, rociando con aceite.

Pasteles de cangrejo

Para 4 personas

225 g de brotes de soja
60 ml/4 cucharadas de aceite de maní (maní) 100 g/4 oz de brotes de bambú, cortados en tiras
1 cebolla, picada
225 g de carne de cangrejo, desmenuzada
4 huevos, ligeramente batidos
15 ml/1 cucharada de harina de maíz (almidón de maíz)
30 ml/2 cucharadas de salsa de soja

sal y pimienta recién molida

Blanquear los brotes de soja en agua hirviendo durante 4 minutos y luego escurrirlos. Calentar la mitad del aceite y sofreír los brotes de soja, los brotes de bambú y la cebolla hasta que estén tiernos. Retirar del fuego y añadir los demás ingredientes, excepto el aceite. Calienta el aceite restante en una sartén limpia y fríe cucharadas de la mezcla de carne de cangrejo para hacer pequeñas tortas. Freír hasta que estén dorados por ambos lados y luego servir de inmediato.

Crema De Cangrejo

Para 4 personas

225 g de carne de cangrejo
5 huevos batidos
1 cebolleta (cebolleta), finamente picada
250 ml/8 fl oz/1 taza de agua
5 ml/1 cucharadita de sal
5 ml/1 cucharadita de aceite de sésamo

Mezcla todos los ingredientes bien. Colóquelo en un tazón, cubra y coloque encima del baño maría sobre agua caliente o sobre una rejilla para vaporera. Cocine al vapor durante unos 35 minutos hasta que esté cremoso, revolviendo ocasionalmente. Servir con arroz.

Carne de cangrejo con hojas chinas

Para 4 personas

450 g/1 libra de hojas chinas ralladas

45 ml/3 cucharadas de aceite vegetal

2 cebolletas (cebolletas), picadas

225 g de carne de cangrejo

15 ml/1 cucharada de salsa de soja

15 ml/1 cucharada de vino de arroz o jerez seco

5 ml/1 cucharadita de sal

Escaldar las hojas chinas en agua hirviendo durante 2 minutos, luego escurrir bien y enjuagar con agua fría. Calentar el aceite y sofreír las cebolletas hasta que estén doradas. Agrega la carne de cangrejo y sofríe durante 2 minutos. Agrega las hojas chinas y sofríe durante 4 minutos. Añade la salsa de soja, el vino o jerez y la sal y mezcla bien. Agregue el caldo y la harina de maíz, lleve a ebullición y cocine a fuego lento, revolviendo, durante 2 minutos hasta que la salsa se aclare y espese.

Cangrejo Foo Yung con brotes de soja

Para 4 personas

6 huevos batidos
45 ml/3 cucharadas de harina de maíz (almidón de maíz)
225 g de carne de cangrejo
100 g de brotes de soja
2 cebolletas (cebolletas), finamente picadas
2,5 ml/¬Ω cucharadita de sal
45 ml/3 cucharadas de aceite de maní (maní).

Batir los huevos y luego incorporar la maicena. Combine los demás ingredientes excepto el aceite. Calentar el aceite y verter la mezcla en la sartén poco a poco para hacer pequeñas tortitas de unos 7,5 cm de diámetro. Freír hasta que estén doradas por el fondo, luego darles la vuelta y dorar el otro lado.

Cangrejo De Jengibre

Para 4 personas

15 ml/1 cucharada de aceite de maní (cacahuete).
2 rodajas de raíz de jengibre, picada
4 cebolletas (cebolletas), picadas
3 dientes de ajo machacados
1 chile rojo, picado
350 g de carne de cangrejo, desmenuzada
2,5 ml/¬Ω cucharadita de pasta de pescado
2,5 ml/¬Ω cucharadita de aceite de sésamo

15 ml/1 cucharada de vino de arroz o jerez seco
5 ml/1 cucharadita de harina de maíz (almidón de maíz)
15 ml/1 cucharada de agua

Calentar el aceite y sofreír el jengibre, las cebolletas, el ajo y la guindilla durante 2 minutos. Agrega la carne de cangrejo y revuelve hasta que esté bien cubierta con especias. Agrega la pasta de pescado. Mezcla los ingredientes restantes hasta formar una pasta, luego viértelos en la sartén y sofríe durante 1 minuto. Servir inmediatamente.

Cangrejo Lo Mein

Para 4 personas

100 g de brotes de soja
30 ml/2 cucharadas de aceite de maní (maní).
5 ml/1 cucharadita de sal
1 cebolla, rebanada
100 g de champiñones, en rodajas
225 g de carne de cangrejo, desmenuzada
100 g de brotes de bambú, en rodajas
Tagliatelle elevado

30 ml/2 cucharadas de salsa de soja
5ml/1 cucharadita de azúcar
5 ml/1 cucharadita de aceite de sésamo
sal y pimienta recién molida

Blanquear los brotes de soja en agua hirviendo durante 5 minutos y luego escurrirlos. Calentar el aceite y sofreír la sal y la cebolla hasta que se ablanden. Agrega los champiñones y sofríe hasta que se ablanden. Agrega la carne de cangrejo y sofríe durante 2 minutos. Agrega los brotes de soja y los brotes de bambú y sofríe durante 1 minuto. Agrega los fideos escurridos a la sartén y revuelve suavemente. Mezclar la salsa de soja, el azúcar y el aceite de sésamo y sazonar con sal y pimienta. Agrega la sartén hasta que esté caliente.

Cangrejo salteado con cerdo

Para 4 personas

30 ml/2 cucharadas de aceite de maní (maní).
100 g de carne de cerdo picada (picada).
350 g de carne de cangrejo, desmenuzada
2 rodajas de raíz de jengibre, picada
2 huevos, ligeramente batidos
15 ml/1 cucharada de salsa de soja
15 ml/1 cucharada de vino de arroz o jerez seco

30 ml/2 cucharadas de agua

sal y pimienta recién molida

4 cebolletas (cebolletas), cortadas en tiras

Calentar el aceite y sofreír el cerdo hasta que adquiera un color claro. Agrega la carne de cangrejo y el jengibre y sofríe durante 1 minuto. Agrega los huevos. Agregue la salsa de soja, el vino o jerez, el agua, la sal y la pimienta y cocine a fuego lento durante unos 4 minutos, revolviendo. Sirva adornado con cebolletas.

Carne de cangrejo salteada

Para 4 personas

30 ml/2 cucharadas de aceite de maní (maní).

450 g de carne de cangrejo, desmenuzada

2 cebolletas (cebolletas), picadas

2 rodajas de raíz de jengibre, picada

30 ml/2 cucharadas de salsa de soja

30 ml/2 cucharadas de vino de arroz o jerez seco

2,5 ml/¬Ω cucharadita de sal

15 ml/1 cucharada de harina de maíz (almidón de maíz)
60 ml/4 cucharadas de agua

Calentar el aceite y sofreír la carne de cangrejo, las cebolletas y el jengibre durante 1 minuto. Agrega la salsa de soja, el vino o jerez y la sal, tapa y cocina a fuego lento durante 3 minutos. Mezcle la harina de maíz y el agua hasta que se forme una masa, agregue a la sartén y cocine a fuego lento, revolviendo, hasta que la salsa se aclare y espese.

Albóndigas de sepia fritas

Para 4 personas

450 g de sepia

50 g de manteca de cerdo triturada

1 clara de huevo

2,5 ml/¬Ω cucharadita de azúcar

2,5 ml/¬Ω cucharadita de harina de maíz (almidón de maíz)

sal y pimienta recién molida

freír aceite

Limpiar las sepias y triturarlas o reducirlas a pulpa. Mezclar con la manteca de cerdo, la clara de huevo, el azúcar y la maicena y sazonar con sal y pimienta. Presione la mezcla en bolas. Calentar el aceite y sofreír las bolitas de sepia, por tandas si es necesario, hasta que floten en el aceite y se doren. Escurrir bien y servir inmediatamente.

langosta cantonesa

Para 4 personas

2 langostas

30 ml/2 cucharadas de aceite

15 ml/1 cucharada de salsa de frijoles negros

1 diente de ajo, machacado

1 cebolla, picada

225 g de carne de cerdo molida (picada).

45 ml/3 cucharadas de salsa de soja

5ml/1 cucharadita de azúcar

sal y pimienta recién molida
15 ml/1 cucharada de harina de maíz (almidón de maíz)
75 ml/5 cucharadas de agua
1 huevo batido

Romper las langostas, quitarles la carne y cortarla en dados de 2,5 cm. Calentar el aceite y sofreír la salsa de frijoles negros, el ajo y la cebolla hasta que estén dorados. Agrega la carne de cerdo y sofríe hasta que esté dorada. Agrega la salsa de soja, el azúcar, la sal, la pimienta y la langosta, tapa y cocina a fuego lento durante unos 10 minutos. Licue la harina de maíz y el agua hasta formar una pasta, agregue a la sartén y cocine a fuego lento, revolviendo, hasta que la salsa se aclare y espese. Apague el fuego y agregue el huevo antes de servir.

Langosta Frita

Para 4 personas
450 g de carne de langosta
30 ml/2 cucharadas de salsa de soja
5ml/1 cucharadita de azúcar
1 huevo batido
30 ml/3 cucharadas de harina (para todo uso).
freír aceite

Cortar la carne de bogavante en cubos de 2,5 cm y condimentar con salsa de soja y azúcar. Dejar reposar 15 minutos y luego escurrir. Batir el huevo y la harina, luego agregar la langosta y mezclar bien para cubrir. Calentar el aceite y sofreír el bogavante hasta que esté dorado. Escurrir sobre papel de cocina antes de servir.

Langosta al vapor con jamón

Para 4 personas

4 huevos, ligeramente batidos
60 ml/4 cucharadas de agua
5 ml/1 cucharadita de sal
15 ml/1 cucharada de salsa de soja
450 g de carne de langosta, desmenuzada
15 ml/1 cucharada de jamón ahumado picado
15 ml/1 cucharada de perejil fresco picado

Batir los huevos con el agua, la sal y la salsa de soja. Vierta en un bol antiadherente y espolvoree con la carne de langosta. Coloque el recipiente sobre una rejilla en una vaporera, cubra y cocine al vapor durante 20 minutos hasta que los huevos estén cuajados. Servir adornado con jamón y perejil.

Langosta con champiñones

Para 4 personas

450 g de carne de langosta
15 ml/1 cucharada de harina de maíz (almidón de maíz)
60 ml/4 cucharadas de agua
30 ml/2 cucharadas de aceite de maní (maní).
4 cebolletas (cebolletas), cortadas en rodajas gruesas
100 g de champiñones, en rodajas
2,5 ml/¬Ω cucharadita de sal
1 diente de ajo, machacado

30 ml/2 cucharadas de salsa de soja
15 ml/1 cucharada de vino de arroz o jerez seco

Cortar la carne de bogavante en dados de 2,5 cm. Mezcle la harina de maíz y el agua hasta obtener una pasta y agregue los cubos de langosta a la mezcla para cubrir. Calentar la mitad del aceite y sofreír los dados de bogavante hasta que estén ligeramente dorados, retirarlos de la sartén. Calentar el aceite restante y sofreír las cebolletas hasta que estén doradas. Agrega los champiñones y sofríe durante 3 minutos. Agrega la sal, el ajo, la salsa de soja y el vino o jerez y sofríe durante 2 minutos. Regrese la langosta a la sartén y saltee hasta que esté caliente.

Colas de langosta con cerdo

Para 4 personas

3 champiñones chinos secos
4 colas de langosta
60 ml/4 cucharadas de aceite de maní (maní).
100 g de carne de cerdo picada (picada).
50 g de castañas de agua, finamente picadas
sal y pimienta recién molida
2 dientes de ajo machacados
45 ml/3 cucharadas de salsa de soja
30 ml/2 cucharadas de vino de arroz o jerez seco

30 ml/2 cucharadas de salsa de frijoles negros
10 ml/2 cucharadas de harina de maíz (almidón de maíz)
120 ml/4 fl oz/¬Ω taza de agua

Remojar los champiñones en agua tibia durante 30 minutos y luego escurrirlos. Quitar los tallos y picar las tapas. Corta las colas de langosta por la mitad a lo largo. Retire la carne de las colas de langosta, reservando las cáscaras. Calentar la mitad del aceite y sofreír el cerdo hasta que adquiera un color claro. Retirar del fuego y añadir las setas, la carne de bogavante, las castañas de agua, sal y pimienta. Cierra la carne en las conchas de langosta y colócala en una bandeja para horno. Colóquelo sobre una rejilla en una vaporera, cubra y cocine al vapor durante unos 20 minutos hasta que esté bien cocido. Mientras tanto, calienta el aceite restante y saltea el ajo, la salsa de soja, el vino o la salsa de jerez y frijoles negros durante 2 minutos. Mezclar la harina de maíz y el agua hasta obtener una masa, agregue a la sartén y cocine a fuego lento, revolviendo, hasta que la salsa espese. Coloque la langosta en un plato para servir caliente, vierta la salsa encima y sirva inmediatamente.

Langosta frita

Para 4 personas

450 g/1 libra de colas de langosta

30 ml/2 cucharadas de aceite de maní (maní).

1 diente de ajo, machacado

2,5 ml/¬Ω cucharadita de sal

350 g de brotes de soja

50 g de champiñones

4 cebolletas (cebolletas), cortadas en rodajas gruesas

150 ml/¬° pt/mucho ¬Ω taza de caldo de pollo

15 ml/1 cucharada de harina de maíz (almidón de maíz)

Poner a hervir agua en una cacerola, añadir las colas de langosta y dejar hervir durante 1 minuto. Escurrir, enfriar, quitar la cáscara y cortar en rodajas gruesas. Calentar el aceite con el ajo y la sal y sofreír hasta que el ajo esté ligeramente dorado. Agrega la langosta y sofríe durante 1 minuto. Agrega los brotes de soja y los champiñones y sofríe durante 1 minuto. Agrega las cebolletas. Agregue la mayor parte del caldo, lleve a ebullición, cubra y cocine a fuego lento durante 3 minutos. Mezclar la maicena con el caldo restante, verterlo en la sartén y cocinar a fuego lento, revolviendo, hasta que la salsa se aclare y espese.

Nidos de langosta

Para 4 personas

30 ml/2 cucharadas de aceite de maní (maní).

5 ml/1 cucharadita de sal

1 cebolla, en rodajas finas

100 g de champiñones, en rodajas

100 g de brotes de bambú cortados en rodajas 225 g de carne de langosta cocida

15 ml/1 cucharada de vino de arroz o jerez seco

120 ml/4 fl oz/¬Ω taza de caldo de pollo

una pizca de pimienta recién molida
10 ml/2 cucharaditas de harina de maíz (almidón de maíz)
15 ml/1 cucharada de agua
4 cestas de tallarines

Calentar el aceite y sofreír la sal y la cebolla hasta que se ablanden. Agrega los champiñones y los brotes de bambú y sofríe durante 2 minutos. Añade la carne de langosta, el vino o jerez y el caldo, lleva a ebullición, tapa y cocina a fuego lento durante 2 minutos. Sazone con pimienta. Mezcle la harina de maíz y el agua hasta que se forme una masa, agregue a la sartén y cocine a fuego lento, revolviendo, hasta que la salsa espese. Coloque los nidos de fideos en una fuente caliente y cubra con la langosta frita.

Mejillones en salsa de judías negras

Para 4 personas

45 ml/3 cucharadas de aceite de maní (maní).
2 dientes de ajo machacados
2 rodajas de raíz de jengibre, picada
30 ml/2 cucharadas de salsa de frijoles negros
15 ml/1 cucharada de salsa de soja
1,5 kg de mejillones lavados y barbudos
2 cebolletas (cebolletas), picadas

Calentar el aceite y sofreír el ajo y el jengibre durante 30 segundos. Agrega la salsa de frijoles negros y la salsa de soja y sofríe durante 10 segundos. Añade los mejillones, tapa y cocina durante unos 6 minutos hasta que los mejillones se hayan abierto. Deseche los que queden cerrados. Transfiera a un plato para servir caliente y sirva espolvoreado con cebolletas.

Mejillones Con Jengibre

Para 4 personas

45 ml/3 cucharadas de aceite de maní (maní).
2 dientes de ajo machacados
4 rodajas de raíz de jengibre, picada
1,5 kg de mejillones lavados y barbudos
45 ml/3 cucharadas de agua
15 ml/1 cucharada de salsa de ostras

Calentar el aceite y sofreír el ajo y el jengibre durante 30 segundos. Agrega los mejillones y el agua, tapa y cocina durante unos 6 minutos hasta que los mejillones se hayan abierto. Deseche los que queden cerrados. Transfiera a una fuente caliente y sirva rociado con salsa de ostras.

Mejillones al vapor

Para 4 personas

1,5 kg de mejillones lavados y barbudos
45 ml/3 cucharadas de salsa de soja
3 cebolletas (cebolletas), finamente picadas

Coloca los mejillones sobre una rejilla en una vaporera, tapa y cocina al vapor en agua hirviendo durante unos 10 minutos hasta que todos los mejillones se hayan abierto. Deseche los que queden cerrados. Transfiera a un plato para servir caliente y sirva espolvoreado con salsa de soja y cebolletas.

Ostras Fritas

Para 4 personas

24 ostras, peladas
sal y pimienta recién molida
1 huevo batido
50 g/2 oz/¬Ω taza de harina común (para todo uso).
250 ml/8 fl oz/1 taza de agua
freír aceite
4 cebolletas (cebolletas), picadas

Espolvorea las ostras con sal y pimienta. Batir el huevo con la harina y el agua hasta obtener una masa y utilizarlo para rebozar las ostras. Calentar el aceite y sofreír las ostras hasta que estén doradas. Escurrir sobre papel de cocina y servir adornado con cebolletas.

Ostras con tocino

Para 4 personas

175 gramos de tocino

24 ostras, peladas

1 huevo, ligeramente batido

15 ml/1 cucharada de agua

45 ml/3 cucharadas de aceite de maní (maní).

2 cebollas picadas

15 ml/1 cucharada de harina de maíz (almidón de maíz)

15 ml/1 cucharada de salsa de soja

90 ml/6 cucharadas de caldo de pollo

Corta el tocino en trozos y envuelve un trozo alrededor de cada ostra. Batir el huevo con el agua y luego sumergirlo en las ostras para cubrirlo. Calentar la mitad del aceite y sofreír las ostras hasta que estén doradas por ambos lados, luego retirar de la sartén y escurrir la grasa. Calentar el aceite restante y sofreír las cebollas hasta que se ablanden. Mezcle la maicena, la salsa de soja y el caldo hasta obtener una pasta, vierta en la sartén y cocine a fuego lento, revolviendo, hasta que la salsa se aclare y espese. Vierta sobre las ostras y sirva inmediatamente.

Ostras Fritas Con Jengibre

Para 4 personas

24 ostras, peladas

2 rodajas de raíz de jengibre, picada

30 ml/2 cucharadas de salsa de soja

15 ml/1 cucharada de vino de arroz o jerez seco

4 cebolletas (cebolletas), cortadas en tiras

100 gramos de tocino

1 huevo

50 g/2 oz/¬Ω taza de harina común (para todo uso).

sal y pimienta recién molida

freír aceite

1 limón, cortado en gajos

Coloque las ostras en un bol con el jengibre, la salsa de soja y el vino o jerez y revuelva bien para cubrirlas. Dejar reposar durante 30 minutos. Coloque unas tiras de cebolleta encima de cada ostra. Corta el tocino en trozos y envuelve un trozo alrededor de cada ostra. Batir el huevo y la harina hasta obtener una masa y sazonar con sal y pimienta. Sumerge las ostras en la masa hasta que estén bien cubiertas. Calentar el aceite y sofreír las ostras hasta que estén doradas. Sirva adornado con rodajas de limón.

Ostras con salsa de frijoles negros

Para 4 personas

350 g de ostras desbulladas
120 ml/4 fl oz/¬Ω taza de aceite de maní (maní).
2 dientes de ajo machacados
3 cebollines (cebolletas), en rodajas
15 ml/1 cucharada de salsa de frijoles negros
30 ml/2 cucharadas de salsa de soja oscura
15 ml/1 cucharada de aceite de sésamo
una pizca de chile en polvo

Blanquear las ostras en agua hirviendo durante 30 segundos y luego escurrirlas. Calentar el aceite y sofreír los ajos y las cebolletas durante 30 segundos. Agrega la salsa de frijoles negros, la salsa de soja, el aceite de sésamo y las ostras y sazona al gusto con chile en polvo. Saltee hasta que esté caliente y sirva inmediatamente.

Vieiras con brotes de bambú

Para 4 personas

60 ml/4 cucharadas de aceite de maní (maní).
6 cebolletas (cebolletas), picadas
225 g de champiñones cortados en cuartos
15 ml/1 cucharada de azúcar
450 g de vieiras sin cáscara
2 rodajas de raíz de jengibre, picada
225 g de brotes de bambú, en rodajas
sal y pimienta recién molida
300 ml/¬Ω pt/1 ¬° tazas de agua
30 ml/2 cucharadas de vinagre de vino
30 ml/2 cucharadas de harina de maíz (almidón de maíz)
150 ml/¬° pt/abundante ¬Ω taza de agua

45 ml/3 cucharadas de salsa de soja

Calentar el aceite y sofreír las cebolletas y los champiñones durante 2 minutos. Agrega el azúcar, las vieiras, el jengibre, los brotes de bambú, la sal y la pimienta, tapa y cocina por 5 minutos. Agrega el agua y el vinagre de vino, lleva a ebullición, tapa y cocina a fuego lento durante 5 minutos. Licue la harina de maíz y el agua hasta formar una pasta, agregue a la sartén y cocine a fuego lento, revolviendo, hasta que la salsa espese. Sazone con salsa de soja y sirva.

Vieiras con Huevo

Para 4 personas

45 ml/3 cucharadas de aceite de maní (maní).
350 g de vieiras sin cáscara
25 g de jamón ahumado picado
30 ml/2 cucharadas de vino de arroz o jerez seco
5ml/1 cucharadita de azúcar
2,5 ml/¬Ω cucharadita de sal
una pizca de pimienta recién molida
2 huevos, ligeramente batidos
15 ml/1 cucharada de salsa de soja

Calentar el aceite y sofreír las vieiras durante 30 segundos. Agrega el jamón y sofríe durante 1 minuto. Agrega el vino o jerez, el azúcar, la sal y la pimienta y sofríe durante 1 minuto. Agrega los huevos y mezcla suavemente a fuego alto hasta que los ingredientes estén bien cubiertos por el huevo. Sirva espolvoreado con salsa de soja.

Vieiras con Brócoli

Para 4 personas

350 g de vieiras, en rodajas
3 rodajas de raíz de jengibre, picada
¬Ω zanahoria pequeña, en rodajas
1 diente de ajo, machacado
45 ml/3 cucharadas de harina (para todo uso).
2,5 ml/¬Ω cucharadita de bicarbonato de sodio (bicarbonato de sodio)
30 ml/2 cucharadas de aceite de maní (maní).
15 ml/1 cucharada de agua
1 plátano, en rodajas

freír aceite

275 g de brócoli

sal

5 ml/1 cucharadita de aceite de sésamo

2,5 ml/¬Ω cucharadita de salsa de chile

2,5 ml/¬Ω cucharadita de vinagre de vino

2,5 ml/¬Ω cucharadita de pasta de tomate√©e (pasta)

Mezclar las vieiras con el jengibre, la zanahoria y el ajo y dejar reposar. Mezcle la harina, el bicarbonato de sodio, 15 ml/1 cucharada de aceite y agua hasta formar una masa y úsela para cubrir las rodajas de plátano. Calentar el aceite y freír el plátano hasta que esté dorado, luego escurrirlo y colocarlo alrededor de un plato caliente para servir. Mientras tanto, cocine el brócoli en agua hirviendo con sal hasta que esté tierno y luego escúrralo. Calentar el aceite restante con el aceite de sésamo y sofreír brevemente el brócoli, luego colocarlo alrededor del plato con los plátanos. Agrega la salsa de chile, el vinagre de vino y la pasta de tomate a la sartén y saltea las vieiras hasta que estén cocidas. Vierta en un plato para servir y sirva inmediatamente.

Vieiras con jengibre

Para 4 personas

45 ml/3 cucharadas de aceite de maní (maní).
2,5 ml/¬Ω cucharadita de sal
3 rodajas de raíz de jengibre, picada
2 cebolletas (cebolletas), cortadas en rodajas gruesas
450 g de vieiras sin cáscara, partidas por la mitad
15 ml/1 cucharada de harina de maíz (almidón de maíz)
60 ml/4 cucharadas de agua

Calentar el aceite y sofreír la sal y el jengibre durante 30 segundos. Añade las cebolletas y sofríe hasta que estén doradas. Agrega las vieiras y sofríe durante 3 minutos. Mezcle la harina de maíz y el agua hasta que se forme una masa, agregue a la sartén y cocine a fuego lento, revolviendo, hasta que espese. Servir inmediatamente.

vieiras con jamón

Para 4 personas

450 g de vieiras sin cáscara, partidas por la mitad
250 ml/8 fl oz/1 taza de vino de arroz o jerez seco
1 cebolla, finamente picada
2 rodajas de raíz de jengibre, picada
2,5 ml/¬Ω cucharadita de sal
100 g de jamón ahumado picado

Coloca las vieiras en un bol y añade el vino o jerez. Tapar y dejar marinar durante 30 minutos, volteando de vez en cuando, luego escurrir las vieiras y desechar la marinada. Coloca las vieiras en una fuente para horno con los demás ingredientes. Coloque la bandeja sobre una rejilla en una vaporera, cubra y cocine al vapor en agua hirviendo durante unos 6 minutos hasta que las vieiras estén tiernas.

Revuelto de vieiras a las hierbas

Para 4 personas

225 g de vieiras sin cáscara
30 ml/2 cucharadas de cilantro fresco picado
4 huevos batidos
15 ml/1 cucharada de vino de arroz o jerez seco
sal y pimienta recién molida
15 ml/1 cucharada de aceite de maní (cacahuete).

Coloque las vieiras en una vaporera y cocine al vapor durante unos 3 minutos hasta que estén cocidas, dependiendo del tamaño. Retirar de la vaporera y espolvorear con cilantro. Batir los huevos con el vino o jerez y sazonar al gusto con sal y pimienta. Agrega las vieiras y el cilantro. Calentar el aceite y freír la mezcla de huevo y vieiras, revolviendo constantemente, hasta que los huevos estén cuajados. Servir inmediatamente.

Vieiras y cebolla salteadas en una sartén

Para 4 personas

45 ml/3 cucharadas de aceite de maní (maní).
1 cebolla, rebanada
450 g de vieiras sin cáscara y cortadas en cuartos
sal y pimienta recién molida
15 ml/1 cucharada de vino de arroz o jerez seco

Calentar el aceite y sofreír la cebolla hasta que se ablande. Agrega las vieiras y sofríe hasta que estén doradas. Sazone con sal y pimienta, vierta vino o jerez y sirva inmediatamente.

Vieiras Con Verduras

Para 4,Äì6 porciones

4 champiñones chinos secos

2 cebollas

30 ml/2 cucharadas de aceite de maní (maní).

3 ramas de apio, cortadas en diagonal

225 g de judías verdes, cortadas en diagonal

10 ml/2 cucharaditas de raíz de jengibre rallada

1 diente de ajo, machacado

20 ml/4 cucharaditas de harina de maíz (almidón de maíz)

250 ml/8 fl oz/1 taza de caldo de pollo

30 ml/2 cucharadas de vino de arroz o jerez seco

30 ml/2 cucharadas de salsa de soja

450 g de vieiras sin cáscara y cortadas en cuartos

6 cebollines (cebolletas), en rodajas
425 g/15 oz de mazorcas de maíz enlatadas

Remojar los champiñones en agua tibia durante 30 minutos y luego escurrirlos. Retire los tallos y corte las tapas. Cortar las cebollas en gajos y separar las capas. Calentar el aceite y sofreír la cebolla, el apio, los frijoles, el jengibre y el ajo durante 3 minutos. Licúa la maicena con un poco de caldo, luego agrega el resto del caldo, el vino o jerez y la salsa de soja. Agregue al wok y deje hervir, revolviendo. Añade los champiñones, las vieiras, las cebolletas y el maíz y sofríe durante unos 5 minutos hasta que las vieiras estén tiernas.

Vieiras Con Pimientos

Para 4 personas

30 ml/2 cucharadas de aceite de maní (maní).
3 cebolletas (cebolletas), picadas
1 diente de ajo, machacado
2 rodajas de raíz de jengibre, picada

2 pimientos rojos, cortados en cubitos

450 g de vieiras sin cáscara

30 ml/2 cucharadas de vino de arroz o jerez seco

15 ml/1 cucharada de salsa de soja

15 ml/1 cucharada de salsa de frijoles amarillos

5ml/1 cucharadita de azúcar

5 ml/1 cucharadita de aceite de sésamo

Calentar el aceite y sofreír las cebolletas, el ajo y el jengibre durante 30 segundos. Agrega los pimientos y sofríe por 1 minuto. Agrega las vieiras y sofríe durante 30 segundos, luego agrega los ingredientes restantes y cocina durante unos 3 minutos hasta que las vieiras estén tiernas.

Calamares con brotes de soja

Para 4 personas

450 g de calamares

30 ml/2 cucharadas de aceite de maní (maní).

15 ml/1 cucharada de vino de arroz o jerez seco

100 g de brotes de soja
15 ml/1 cucharada de salsa de soja
sal
1 chile rojo, picado
2 rodajas de raíz de jengibre, picada
2 cebolletas (cebolletas), picadas

Quitar la cabeza, tripa y membrana a los calamares y cortarlos en trozos grandes. Corta un patrón entrecruzado en cada pieza. Lleve a ebullición una cacerola con agua, agregue los calamares y cocine a fuego lento hasta que los trozos se hayan enrollado, luego escurra y escurra. Calentar la mitad del aceite y sofreír rápidamente los calamares. Desglasar con vino o jerez. Mientras tanto, calienta el aceite restante y fríe los brotes de soja hasta que estén tiernos. Sazone con salsa de soja y sal. Coloque el chile, el jengibre y las cebolletas alrededor de un plato para servir. Coloca los brotes de soja en el centro y coloca los calamares encima. Servir inmediatamente.

Calamar frito

Para 4 personas

50 g de harina común (para todo uso).
25 g/1 oz/¬° taza de harina de maíz (almidón de maíz)
2,5 ml/¬Ω cucharadita de levadura en polvo
2,5 ml/¬Ω cucharadita de sal
1 huevo
75 ml/5 cucharadas de agua
15 ml/1 cucharada de aceite de maní (cacahuete).
450 g de calamares cortados en aros
freír aceite

Batir la harina, la maicena, el polvo para hornear, la sal, el huevo, el agua y el aceite hasta que se forme una masa. Sumerge los calamares en la masa hasta que queden bien cubiertos. Calentar el aceite y sofreír los calamares poco a poco hasta que estén dorados. Escurrir sobre papel de cocina antes de servir.

Paquetes de calamares

Para 4 personas

8 champiñones chinos secos
450 g de calamares
100 g de jamón ahumado
100 gramos de tofu
1 huevo batido
15ml/1 cucharada de harina (para todo uso).
2,5 ml/¬Ω cucharadita de azúcar
2,5 ml/¬Ω cucharadita de aceite de sésamo
sal y pimienta recién molida
8 pieles de wonton
freír aceite

Remojar los champiñones en agua tibia durante 30 minutos y luego escurrirlos. Deseche los tallos. Pelar los calamares y cortarlos en 8 trozos. Corta el jamón y el tofu en 8 trozos. Colócalos todos en un bol. Mezclar el huevo con la harina, el azúcar, el aceite de sésamo, la sal y la pimienta. Vierta los ingredientes en el bol y mezcle suavemente. Coloque un champiñón y un trozo de calamares, jamón y tofu justo debajo del centro de cada piel de wonton. Doblar por la esquina inferior, doblar por los lados, luego enrollar y humedecer los bordes con agua para sellar. Calentar el aceite y sofreír los paquetitos durante unos 8 minutos hasta que estén dorados. Escurrir bien antes de servir.

Rollitos De Calamares Fritos

Para 4 personas

45 ml/3 cucharadas de aceite de maní (maní).
225 g de anillas de calamar
1 pimiento verde grande, cortado en trozos
100 g de brotes de bambú, en rodajas
2 cebolletas (cebolletas), finamente picadas
1 rodaja de raíz de jengibre, finamente picada
45 ml/2 cucharadas de salsa de soja
30 ml/2 cucharadas de vino de arroz o jerez seco
15 ml/1 cucharada de harina de maíz (almidón de maíz)

15 ml/1 cucharada de caldo de pescado o agua
5ml/1 cucharadita de azúcar
5 ml/1 cucharadita de vinagre de vino
5 ml/1 cucharadita de aceite de sésamo
sal y pimienta recién molida

Calentar 15ml/1 cucharada de aceite y sofreír rápidamente las anillas de calamar hasta que estén bien selladas. Mientras tanto, en una sartén aparte, calentar el aceite restante y sofreír el pimiento, los brotes de bambú, las cebolletas y el jengibre durante 2 minutos. Agrega los calamares y sofríe durante 1 minuto. Combine la salsa de soja, el vino o jerez, la maicena, el caldo, el azúcar, el vinagre de vino y el aceite de sésamo y sazone con sal y pimienta. Saltee hasta que la salsa se aclare y espese.

Calamares salteados

Para 4 personas

45 ml/3 cucharadas de aceite de maní (maní).

3 cebolletas (cebolletas), cortadas en rodajas gruesas
2 rodajas de raíz de jengibre, picada
450 g de calamares cortados en trozos
15 ml/1 cucharada de salsa de soja
15 ml/1 cucharada de vino de arroz o jerez seco
5 ml/1 cucharadita de harina de maíz (almidón de maíz)
15 ml/1 cucharada de agua

Calentar el aceite y sofreír las cebolletas y el jengibre hasta que se ablanden. Agrega los calamares y sofríe hasta que estén cubiertos de aceite. Agrega la salsa de soja y el vino o jerez, tapa y cocina a fuego lento durante 2 minutos. Mezcla la harina de maíz y el agua hasta formar una masa, agrégala a la sartén y cocina a fuego lento, revolviendo, hasta que la salsa espese y los calamares estén tiernos.

Calamares Con Champiñones Secos

Para 4 personas

50 g de champiñones chinos secos
450 g/1 libra de anillas de calamar
45 ml/3 cucharadas de aceite de maní (maní).
45 ml/3 cucharadas de salsa de soja
2 cebolletas (cebolletas), finamente picadas
1 rodaja de raíz de jengibre, picada

225 g de brotes de bambú, cortados en tiras
30 ml/2 cucharadas de harina de maíz (almidón de maíz)
150 ml/¬° pt/bueno ¬Ω taza de caldo de pescado

Remojar los champiñones en agua tibia durante 30 minutos y luego escurrirlos. Retire los tallos y corte las tapas. Escaldamos las anillas de calamar durante unos segundos en agua hirviendo. Calentar el aceite, luego agregar los champiñones, la salsa de soja, las cebolletas y el jengibre y sofreír durante 2 minutos. Añade los calamares y los brotes de bambú y sofríe durante 2 minutos. Mezcle la maicena y el caldo y revuelva en la sartén. Cocine a fuego lento, revolviendo, hasta que la salsa se aclare y espese.

Calamares Con Verduras

Para 4 personas

45 ml/3 cucharadas de aceite de maní (maní).
1 cebolla, rebanada
5 ml/1 cucharadita de sal
450 g de calamares cortados en trozos
100 g de brotes de bambú, en rodajas

2 tallos de apio, cortados en diagonal

60 ml/4 cucharadas de caldo de pollo

5ml/1 cucharadita de azúcar

100 g de tirabeques (guisantes tirabeques)

5 ml/ 1 cucharadita de harina de maíz (almidón de maíz)

15 ml/1 cucharada de agua

Calentar el aceite y sofreír la cebolla y la sal hasta que estén doradas. Agrega los calamares y sofríe hasta que estén cubiertos de aceite. Agrega los brotes de bambú y el apio y sofríe durante 3 minutos. Añade el caldo y el azúcar, lleva a ebullición, tapa y cocina a fuego lento durante 3 minutos hasta que las verduras estén tiernas. Añade el manjar. Mezcle la harina de maíz y el agua hasta formar una pasta, agregue a la sartén y cocine a fuego lento, revolviendo, hasta que la salsa espese.

Ternera estofada con anís

Para 4 personas

30 ml/2 cucharadas de aceite de maní (maní).

450 g/1 libra de filete de ternera

1 diente de ajo, machacado

45 ml/3 cucharadas de salsa de soja

15 ml/1 cucharada de agua

15 ml/1 cucharada de vino de arroz o jerez seco

5 ml/1 cucharadita de sal
5ml/1 cucharadita de azúcar
2 dientes de anís estrellado

Calentar el aceite y sofreír la carne hasta que esté dorada por todos lados. Agregue los ingredientes restantes, lleve a ebullición, cubra y cocine a fuego lento durante unos 45 minutos, luego dé vuelta la carne y agregue un poco más de agua y salsa de soja si la carne se está secando. Cocine por 45 minutos más hasta que la carne esté tierna. Retire el anís estrellado antes de servir.

Ternera con espárragos

Para 4 personas

450 g de grupa de ternera cortada en cubitos
30 ml/2 cucharadas de salsa de soja
30 ml/2 cucharadas de vino de arroz o jerez seco
45 ml/3 cucharadas de harina de maíz (almidón de maíz)
45 ml/3 cucharadas de aceite de maní (maní).

5 ml/1 cucharadita de sal
1 diente de ajo, machacado
350 g de puntas de espárragos
120 ml/4 fl oz/¬Ω taza de caldo de pollo
15 ml/1 cucharada de salsa de soja

Coloca el bistec en un bol. Mezcle la salsa de soja, el vino o el jerez y 30 ml/2 cucharadas de harina de maíz, vierta sobre el filete y mezcle bien. Dejar marinar durante 30 minutos. Calentar el aceite con la sal y el ajo y sofreír hasta que los ajos estén ligeramente dorados. Agrega la carne y la marinada y sofríe durante 4 minutos. Añade los espárragos y sofríelos en la sartén durante 2 minutos. Añade el caldo y la salsa de soja, lleva a ebullición y cocina a fuego lento, revolviendo durante 3 minutos hasta que la carne esté cocida. Mezcla el resto de la maicena con un poco más de agua o caldo y agrégalo a la salsa. Cocine a fuego lento, revolviendo, durante unos minutos hasta que la salsa se aclare y espese.

Ternera con brotes de bambú

Para 4 personas
45 ml/3 cucharadas de aceite de maní (maní).
1 diente de ajo, machacado
1 cebolla tierna (cebolleta), picada

1 rodaja de raíz de jengibre, picada
225 g de carne magra de ternera cortada en tiras
100 g de brotes de bambú
45 ml/3 cucharadas de salsa de soja
15 ml/1 cucharada de vino de arroz o jerez seco
5 ml/1 cucharadita de harina de maíz (almidón de maíz)

Calentar el aceite y sofreír el ajo, la cebolleta y el jengibre hasta que estén dorados. Agrega la carne y sofríe durante 4 minutos hasta que se dore. Agrega los brotes de bambú y sofríe durante 3 minutos. Agrega la salsa de soja, el vino o jerez y la maicena y sofríe durante 4 minutos.

Ternera con brotes de bambú y setas

Para 4 personas

225 g de carne magra
45 ml/3 cucharadas de aceite de maní (maní).
1 rodaja de raíz de jengibre, picada
100 g de brotes de bambú, en rodajas

100 g de champiñones, en rodajas
45 ml/3 cucharadas de vino de arroz o jerez seco
5ml/1 cucharadita de azúcar
10 ml/2 cucharaditas de salsa de soja
sal y pimienta
120 ml/4 fl oz/¬Ω taza de caldo de res
15 ml/1 cucharada de harina de maíz (almidón de maíz)
30 ml/2 cucharadas de agua

Corta la carne en rodajas finas a contrapelo. Calentar el aceite y sofreír el jengibre unos segundos. Agrega la carne y sofríe hasta que se dore. Agrega los brotes de bambú y los champiñones y sofríe durante 1 minuto. Agrega el vino o jerez, el azúcar y la salsa de soja y sazona con sal y pimienta. Agrega el caldo, lleva a ebullición, tapa y cocina a fuego lento durante 3 minutos. Mezcle la maicena y el agua, viértala en la sartén y cocine a fuego lento, revolviendo, hasta que la salsa espese.

carne estofada china

Para 4 personas
45 ml/3 cucharadas de aceite de maní (maní).
900 g de filete de ternera
1 cebolleta (cebolleta), cortada en rodajas
1 diente de ajo, picado

1 rodaja de raíz de jengibre, picada

60 ml/4 cucharadas de salsa de soja

30 ml/2 cucharadas de vino de arroz o jerez seco

5ml/1 cucharadita de azúcar

5 ml/1 cucharadita de sal

pizca de pimienta

750 ml/1¬° pts/3 tazas de agua hirviendo

Calentar el aceite y dorar rápidamente la carne por todos lados. Añade la cebolleta, el ajo, el jengibre, la salsa de soja, el vino o jerez, el azúcar, la sal y la pimienta. Llevar a ebullición, revolviendo. Agregue el agua hirviendo, vuelva a hervir, revolviendo, luego cubra y cocine a fuego lento durante aproximadamente 2 horas hasta que la carne esté tierna.

Carne de res con brotes de soja

Para 4 personas

450 g de carne magra de ternera cortada en rodajas

1 clara de huevo

30 ml/2 cucharadas de aceite de maní (maní).

15 ml/1 cucharada de harina de maíz (almidón de maíz)

15 ml/1 cucharada de salsa de soja

100 g de brotes de soja

25 g/1 oz de repollo encurtido, rallado

1 chile rojo, picado

2 cebolletas (cebolletas), picadas

2 rodajas de raíz de jengibre, picada

sal

5 ml/1 cucharadita de salsa de ostras

5 ml/1 cucharadita de aceite de sésamo

Mezclar la carne con la clara de huevo, la mitad del aceite, la maicena y la salsa de soja y dejar reposar 30 minutos. Blanquear los brotes de soja en agua hirviendo durante unos 8 minutos hasta que estén casi tiernos y luego escurrirlos. Calentar el aceite restante y freír la carne hasta que esté ligeramente dorada, luego retirar de la sartén. Agrega el repollo, la guindilla, el jengibre, la sal, la salsa de ostras y el aceite de sésamo y sofríe durante 2 minutos. Agrega los brotes de soja y sofríe durante 2 minutos. Regrese la carne a la sartén y saltee hasta que esté bien combinada y caliente. Servir inmediatamente.

Ternera con brócoli

Para 4 personas

450 g/1 libra de lomo de ternera, en rodajas finas
30 ml/2 cucharadas de harina de maíz (almidón de maíz)
15 ml/1 cucharada de vino de arroz o jerez seco
15 ml/1 cucharada de salsa de soja
30 ml/2 cucharadas de aceite de maní (maní).
5 ml/1 cucharadita de sal
1 diente de ajo, machacado
225 g/8 oz de floretes de brócoli
150 ml/¬° pt/mucho ¬Ω taza de caldo de res

Coloca el bistec en un bol. Mezclar 15 ml/1 cucharada de maicena con el vino o jerez y salsa de soja, añadir la carne y dejar marinar 30 minutos. Calentar el aceite con la sal y el ajo y sofreír hasta que los ajos estén ligeramente dorados. Agrega el bistec y la marinada y sofríe durante 4 minutos. Agrega el brócoli y sofríe durante 3 minutos. Agregue el caldo, hierva, cubra y cocine a fuego lento durante 5 minutos hasta que el brócoli esté tierno pero aún crujiente. Mezcla el resto de la maicena con un poco de agua y agrégala a la salsa. Cocine a fuego lento, revolviendo hasta que la salsa se aclare y espese.

Carne de res con sésamo y brócoli

Para 4 personas

150 g de carne magra de ternera, en rodajas finas
2,5 ml/½ cucharadita de salsa de ostras
5 ml/1 cucharadita de harina de maíz (almidón de maíz)
5 ml/1 cucharadita de vinagre de vino blanco
60 ml/4 cucharadas de aceite de maní (maní).
100 g de floretes de brócoli
5ml/1 cucharadita de salsa de pescado
2,5 ml/½ cucharadita de salsa de soja
250 ml/8 fl oz/1 taza de caldo de res
30 ml/2 cucharadas de semillas de sésamo

Marinar la carne con salsa de ostras, 2,5 ml/½ cucharadita de maicena, 2,5 ml/½ cucharadita de vinagre de vino y 15 ml/1 cucharada de aceite durante 1 hora.

Mientras tanto, calentar 15 ml/1 cucharada de aceite, añadir el brócoli, 2,5 ml/½ cucharaditas de salsa de pescado, la salsa de soja y el resto del vinagre de vino y cubrir con agua hirviendo.

Cocine a fuego lento durante unos 10 minutos hasta que estén tiernos.

Calienta 30 ml/2 cucharadas de aceite en una sartén aparte y fríe la carne brevemente hasta que esté sellada. Agregue el caldo, el resto de la maicena y la salsa de pescado, lleve a ebullición, tape y cocine a fuego lento durante unos 10 minutos hasta que la carne esté tierna. Escurre el brócoli y colócalo en un plato para servir caliente. Cubra con la carne y espolvoree generosamente con semillas de sésamo.

Carne a la parrilla

Para 4 personas

450 g de filete magro, en rodajas

60 ml/4 cucharadas de salsa de soja

2 dientes de ajo machacados

5 ml/1 cucharadita de sal

2,5 ml/¬Ω cucharadita de pimienta recién molida
10ml/2 cucharaditas de azúcar

Mezclar todos los ingredientes y dejar marinar durante 3 horas. Ase o ase (parrilla) en una parrilla caliente durante aproximadamente 5 minutos por lado.

Carne Cantonesa

Para 4 personas

30 ml/2 cucharadas de harina de maíz (almidón de maíz)
2 claras de huevo batidas hasta que estén firmes
450 g de filete cortado en tiras
freír aceite
4 ramas de apio, en rodajas

2 cebollas, rebanadas
60 ml/4 cucharadas de agua
20ml/4 cucharaditas de sal
75 ml/5 cucharadas de salsa de soja
60 ml/4 cucharadas de vino de arroz o jerez seco
30ml/2 cucharadas de azúcar
pimienta recién molida

Mezclar la mitad de la maicena con las claras. Agregue el bistec y revuelva para cubrir la carne con la masa. Calentar el aceite y freír el filete hasta que esté dorado. Retirar de la sartén y escurrir sobre papel de cocina. Calentar 15ml/1 cucharada de aceite y sofreír el apio y la cebolla durante 3 minutos. Agrega la carne, el agua, la sal, la salsa de soja, el vino o jerez y el azúcar y sazona con pimienta. Llevar a ebullición y cocinar a fuego lento, revolviendo, hasta que la salsa espese.

Carne De Res Con Zanahorias

Para 4 personas

30 ml/2 cucharadas de aceite de maní (maní).
450 g de carne magra de ternera cortada en cubos
2 cebolletas (cebolletas), cortadas en rodajas
2 dientes de ajo machacados
1 rodaja de raíz de jengibre, picada

250 ml/8 fl oz/1 taza de salsa de soja
30 ml/2 cucharadas de vino de arroz o jerez seco
30 ml/2 cucharadas de azúcar moreno
5 ml/1 cucharadita de sal
600 ml/1 pt/2 ½ tazas de agua
4 zanahorias, cortadas en diagonal

Calentar el aceite y sofreír la carne hasta que esté dorada. Escurrir el exceso de aceite y añadir las cebolletas, el ajo, el jengibre y el anís y sofreír durante 2 minutos. Agrega la salsa de soja, el vino o jerez, el azúcar y la sal y mezcla bien. Agregue agua, hierva, cubra y cocine a fuego lento durante 1 hora. Agrega las zanahorias, tapa y cocina por otros 30 minutos. Retire la tapa y cocine a fuego lento hasta que la salsa se haya reducido.

Ternera con anacardos

Para 4 personas

60 ml/4 cucharadas de aceite de maní (maní).
450 g/1 libra de lomo de ternera, en rodajas finas
8 cebolletas (cebolletas), cortadas en trozos
2 dientes de ajo machacados
1 rodaja de raíz de jengibre, picada
75 g/3 oz/¬œ taza de anacardos tostados
120 ml/4 fl oz/½ taza de agua

20 ml/4 cucharaditas de harina de maíz (almidón de maíz)
20 ml/4 cucharaditas de salsa de soja
5 ml/1 cucharadita de aceite de sésamo
5 ml/1 cucharadita de salsa de ostras
5 ml/1 cucharadita de salsa picante

Calentar la mitad del aceite y sofreír la carne hasta que esté dorada. Retirar de la sartén. Calentar el aceite restante y sofreír las cebolletas, el ajo, el jengibre y los anacardos durante 1 minuto. Regresa la carne a la sartén. Mezcla los demás ingredientes y vierte la mezcla en la sartén. Llevar a ebullición y cocinar a fuego lento, revolviendo, hasta que la mezcla espese.

Cazuela De Carne Lenta

Para 4 personas

30 ml/2 cucharadas de aceite de maní (maní).
450 g de ternera guisada, en cubos
3 rodajas de raíz de jengibre, picada
3 zanahorias, en rodajas
1 nabo, cortado en cubitos
15 ml/1 cucharada de dátiles negros, sin hueso
15 ml/1 cucharada de semillas de loto
30 ml/2 cucharadas de pasta de tomate√©e (pasta)
10ml/2 cucharadas de sal

900 ml/1¬Ω pts/3¬œ tazas de caldo de res

250 ml/8 fl oz/1 taza de vino de arroz o jerez seco

Calienta el aceite en una cacerola grande o sartén ignífuga y fríe la carne hasta que esté sellada por todos lados.

Carne De Res Con Coliflor

Para 4 personas

225 g de floretes de coliflor

freír aceite

225 g de ternera cortada en tiras

50 g de brotes de bambú, cortados en tiras

10 castañas de agua, cortadas en tiras

120 ml/4 fl oz/¬Ω taza de caldo de pollo

15 ml/1 cucharada de salsa de soja

15 ml/1 cucharada de salsa de ostras

15 ml/1 cucharada de pasta de tomate√©e (pasta)

15 ml/1 cucharada de harina de maíz (almidón de maíz)

2,5 ml/¬Ω cucharadita de aceite de sésamo

Blanquear la coliflor durante 2 minutos en agua hirviendo y luego escurrirla. Calentar el aceite y sofreír la coliflor hasta que esté dorada. Retirar y escurrir sobre papel de cocina. Calentar el aceite y sofreír la carne hasta que esté ligeramente dorada, luego escurrir y escurrir. Vierta todo menos 15 ml/1 cucharada de aceite y saltee los brotes de bambú y las castañas de agua durante 2 minutos. Agregue los ingredientes restantes, lleve a ebullición y cocine a fuego lento, revolviendo, hasta que la salsa espese. Regrese la carne y la coliflor a la sartén y caliente suavemente. Servir inmediatamente.

Carne De Res Con Apio

Para 4 personas

100 g de apio, cortado en tiras
45 ml/3 cucharadas de aceite de maní (maní).
2 cebolletas (cebolletas), picadas
1 rodaja de raíz de jengibre, picada
225 g de carne magra de ternera cortada en tiras
30 ml/2 cucharadas de salsa de soja
30 ml/2 cucharadas de vino de arroz o jerez seco
2,5 ml/¬Ω cucharadita de azúcar
2,5 ml/¬Ω cucharadita de sal

Blanquear el apio en agua hirviendo durante 1 minuto y escurrir bien. Calentar el aceite y sofreír las cebolletas y el jengibre hasta que estén doradas. Agrega la carne y sofríe durante 4 minutos. Agrega el apio y sofríe por 2 minutos. Agrega la salsa de soja, el vino o jerez, el azúcar y la sal y sofríe durante 3 minutos.

Rebanadas De Carne Frita Con Apio

Para 4 personas

30 ml/2 cucharadas de aceite de maní (maní).
450 g de carne magra de ternera cortada en hojuelas
3 ramas de apio, picadas
1 cebolla, picada
1 cebolleta (cebolleta), cortada en rodajas
1 rodaja de raíz de jengibre, picada
30 ml/2 cucharadas de salsa de soja
15 ml/1 cucharada de vino de arroz o jerez seco
2,5 ml/¬Ω cucharadita de azúcar
2,5 ml/¬Ω cucharadita de sal
10 ml/2 cucharaditas de harina de maíz (almidón de maíz)

30 ml/2 cucharadas de agua

Calienta la mitad del aceite hasta que esté muy caliente y fríe la carne durante 1 minuto hasta que esté dorada. Retirar de la sartén. Calentar el aceite restante y sofreír el apio, la cebolla, la cebolleta y el jengibre hasta que se ablanden un poco. Regrese la carne a la sartén con la salsa de soja, el vino o jerez, el azúcar y la sal, lleve a ebullición y saltee para recalentar. Mezcle la maicena y el agua, agregue a la sartén y cocine a fuego lento hasta que la salsa espese. Servir inmediatamente.

Carne De Res En Lonchas Con Pollo Y Apio

Para 4 personas

4 champiñones chinos secos
45 ml/3 cucharadas de aceite de maní (maní).
2 dientes de ajo machacados
1 raíz de jengibre, en rodajas, picada
5 ml/1 cucharadita de sal
100 g de carne magra de ternera cortada en tiras
100 g de pollo cortado en tiras
2 zanahorias, cortadas en tiras
2 tallos de apio, cortados en tiras
4 cebolletas (cebolletas), cortadas en tiras
5ml/1 cucharadita de azúcar

5 ml/1 cucharadita de salsa de soja
5 ml/1 cucharadita de vino de arroz o jerez seco
45 ml/3 cucharadas de agua
5 ml/1 cucharadita de harina de maíz (almidón de maíz)

Remojar los champiñones en agua tibia durante 30 minutos y luego escurrirlos. Quitar los tallos y picar las tapas. Calentar el aceite y sofreír el ajo, el jengibre y la sal hasta que estén dorados. Agrega la carne y el pollo y sofríe hasta que empiece a dorarse. Añade el apio, las cebolletas, el azúcar, la salsa de soja, el vino o jerez y el agua y deja hervir. Tape y cocine a fuego lento durante unos 15 minutos hasta que la carne esté tierna. Mezclar la maicena con un poco de agua, agregarla a la salsa y cocinar a fuego lento, revolviendo, hasta que la salsa espese.

Ternera con guindilla

Para 4 personas

450 g de grupa de ternera cortada en tiras
45 ml/3 cucharadas de salsa de soja

15 ml/1 cucharada de vino de arroz o jerez seco
15 ml/1 cucharada de azúcar moreno
15 ml/1 cucharada de raíz de jengibre finamente picada
30 ml/2 cucharadas de aceite de maní (maní).
50 g de brotes de bambú, cortados en palitos
1 cebolla, cortada en tiras
1 rama de apio, cortada en palitos
2 chiles rojos, sin semillas y cortados en tiras
120 ml/4 fl oz/¬Ω taza de caldo de pollo
15 ml/1 cucharada de harina de maíz (almidón de maíz)

Coloca el bistec en un bol. Mezcle la salsa de soja, el vino o jerez, el azúcar y el jengibre y agréguelos al bistec. Dejar marinar durante 1 hora. Retire el bistec de la marinada. Calentar la mitad del aceite y sofreír los brotes de bambú, la cebolla, el apio y la guindilla durante 3 minutos, luego retirar de la sartén. Calentar el aceite restante y sofreír el filete durante 3 minutos. Combine la marinada, lleve a ebullición y agregue las verduras fritas. Cocine, revolviendo, durante 2 minutos. Mezcla el caldo y la maicena y agrégalo a la sartén. Llevar a ebullición y cocinar a fuego lento, revolviendo, hasta que la salsa se aclare y espese.

Ternera con col china

Para 4 personas

225 g de carne magra

30 ml/2 cucharadas de aceite de maní (maní).

350 g de bok choy rallado

120 ml/4 fl oz/¬Ω taza de caldo de res

sal y pimienta recién molida

10 ml/2 cucharaditas de harina de maíz (almidón de maíz)

30 ml/2 cucharadas de agua

Corta la carne en rodajas finas a contrapelo. Calentar el aceite y freír la carne hasta que esté dorada. Agrega el bok choy y saltea hasta que se ablande un poco. Agrega el caldo, lleva a ebullición y sazona con sal y pimienta. Tape y cocine a fuego lento durante 4 minutos hasta que la carne esté tierna. Mezcle la maicena y el agua, viértala en la sartén y cocine a fuego lento, revolviendo, hasta que la salsa espese.

Chop Suey de Res

Para 4 personas

3 ramas de apio, en rodajas

100 g de brotes de soja

100 g de floretes de brócoli

60 ml/4 cucharadas de aceite de maní (maní).

3 cebolletas (cebolletas), picadas

2 dientes de ajo machacados

1 rodaja de raíz de jengibre, picada

225 g de carne magra de ternera cortada en tiras

45 ml/3 cucharadas de salsa de soja

15 ml/1 cucharada de vino de arroz o jerez seco

5 ml/1 cucharadita de sal

2,5 ml/¬Ω cucharadita de azúcar

pimienta recién molida
15 ml/1 cucharada de harina de maíz (almidón de maíz)

Blanquear el apio, los brotes de soja y el brócoli en agua hirviendo durante 2 minutos, luego escurrir y secar. Calentar 45 ml/3 cucharadas de aceite y sofreír las cebolletas, el ajo y el jengibre hasta que estén dorados. Agrega la carne y sofríe durante 4 minutos. Retirar de la sartén. Calentar el aceite restante y sofreír las verduras durante 3 minutos. Agrega la carne, la salsa de soja, el vino o jerez, la sal, el azúcar y una pizca de pimienta y sofríe durante 2 minutos. Mezclar la maicena con un poco de agua, verterla en la sartén y cocinar a fuego lento, revolviendo, hasta que la salsa se aclare y espese.

Carne De Res Con Pepino

Para 4 personas
450 g/1 libra de lomo de ternera, en rodajas finas
45 ml/3 cucharadas de salsa de soja
30 ml/2 cucharadas de harina de maíz (almidón de maíz)

60 ml/4 cucharadas de aceite de maní (maní).
2 pepinos, pelados, sin semillas y cortados en rodajas
60 ml/4 cucharadas de caldo de pollo
30 ml/2 cucharadas de vino de arroz o jerez seco
sal y pimienta recién molida

Coloca el bistec en un bol. Mezcle la salsa de soja y la maicena y agréguela al bistec. Dejar marinar durante 30 minutos. Calienta la mitad del aceite y fríe los pepinos durante 3 minutos hasta que estén opacos, luego retíralos de la sartén. Calentar el aceite restante y freír el filete hasta que se dore. Agrega los pepinos y sofríe durante 2 minutos. Agrega el caldo, el vino o el jerez y sazona con sal y pimienta. Llevar a ebullición, tapar y cocinar a fuego lento durante 3 minutos.

Chow Mein de carne

Para 4 personas
750 g/1 ¬Ω lb de filete de lomo
2 cebollas

45 ml/3 cucharadas de salsa de soja

45 ml/3 cucharadas de vino de arroz o jerez seco

15 ml/1 cucharada de mantequilla de maní

5 ml/1 cucharadita de jugo de limón

350 g de pasta al huevo

60 ml/4 cucharadas de aceite de maní (maní).

175 ml/6 fl oz/¬œ taza de caldo de pollo

15 ml/1 cucharada de harina de maíz (almidón de maíz)

30 ml/2 cucharadas de salsa de ostras

4 cebolletas (cebolletas), picadas

3 ramas de apio, en rodajas

100 g de champiñones, en rodajas

1 pimiento verde, cortado en tiras

100 g de brotes de soja

Retire y deseche la grasa de la carne. Cortar el parmesano transversalmente en rodajas finas. Cortar las cebollas en gajos y separar las capas. Mezclar 15ml/1 cucharada de salsa de soja con 15ml/1 cucharada de vino o jerez, la mantequilla de maní y el jugo de limón. Agrega la carne, tapa y deja reposar 1 hora. Cocine los tallarines en agua hirviendo durante unos 5 minutos o hasta que estén tiernos. Escurrir bien. Calentar 15 ml/1 cucharada de aceite, añadir 15 ml/1 cucharada de salsa de soja y los fideos y sofreír durante 2 minutos hasta que estén dorados. Transfiera a una fuente para servir caliente.

Mezclar el resto de la salsa de soja y el vino o jerez con el caldo, la maicena y la salsa de ostras. Calentar 15ml/1 cucharada de aceite y sofreír las cebollas durante 1 minuto. Agrega el apio, los champiñones, el pimiento y los brotes de soja y sofríe durante 2 minutos. Retirar del wok. Calentar el aceite restante y freír la carne hasta que se dore. Agrega el caldo, lleva a ebullición, tapa y cocina a fuego lento durante 3 minutos. Regrese las verduras al wok y cocine a fuego lento, revolviendo, durante unos 4 minutos hasta que estén calientes. Vierte la mezcla sobre los tallarines y sirve.

Filete De Pepino

Para 4 personas

450 g de filete de lomo
10 ml/2 cucharaditas de harina de maíz (almidón de maíz)
10ml/2 cucharaditas de sal
2,5 ml/¬Ω cucharadita de pimienta recién molida
90 ml/6 cucharadas de aceite de maní (maní).
1 cebolla, finamente picada
1 pepino, pelado y rebanado
120 ml/4 fl oz/¬Ω taza de caldo de res

Corta el filete en tiras y luego córtalo en rodajas finas a contrapelo. Colocar en un bol y añadir la maicena, la sal, la pimienta y la mitad del aceite. Dejar marinar durante 30 minutos. Calentar el aceite restante y sofreír la carne y la cebolla hasta que estén doradas. Añade los pepinos y el caldo, lleva a ebullición, tapa y cocina a fuego lento durante 5 minutos.

Curry De Carne Al Horno

Para 4 personas

45 ml/3 cucharadas de mantequilla
15ml/1 cucharada de curry en polvo
45 ml/3 cucharadas de harina (para todo uso).
375 ml/13 fl oz/1¬Ω tazas de leche
15 ml/1 cucharada de salsa de soja
sal y pimienta recién molida
450 g de ternera cocida, picada

100 g de guisantes

2 zanahorias, picadas

2 cebollas picadas

225 g de arroz de grano largo cocido, caliente

1 huevo duro (cocido), en rodajas

Derretir la mantequilla, agregar el curry y la harina y cocinar por 1 minuto. Añade la leche y la salsa de soja, lleva a ebullición y cocina a fuego lento, revolviendo, durante 2 minutos. Condimentar con sal y pimienta. Agregue la carne, los guisantes, las zanahorias y la cebolla y revuelva bien para cubrirlos con la salsa. Agregue el arroz, luego transfiera la mezcla a una bandeja para hornear y cocine en un horno precalentado a 200 ∞C/ 400 ∞F/termostato 6 durante 20 minutos hasta que las verduras estén tiernas. Servir adornado con rodajas de huevo duro.

Abulón marinado

Para 4 personas

450 g/1 libra de abulón enlatado

45 ml/3 cucharadas de salsa de soja

30 ml/2 cucharadas de vinagre de vino

5ml/1 cucharadita de azúcar

unas gotas de aceite de sésamo

Escurrir el abulón y cortarlo en rodajas finas o en tiras. Mezclar los demás ingredientes, verter sobre el abulón y mezclar bien. Cubra y refrigere por 1 hora.

Brotes de bambú estofados

Para 4 personas

60 ml/4 cucharadas de aceite de maní (maní).
225 g de brotes de bambú, cortados en tiras
60 ml/4 cucharadas de caldo de pollo
15 ml/1 cucharada de salsa de soja
5ml/1 cucharadita de azúcar
5 ml/1 cucharadita de vino de arroz o jerez seco

Calentar el aceite y sofreír los brotes de bambú durante 3 minutos. Mezclar el caldo, la salsa de soja, el azúcar y el vino o jerez y añadir a la sartén. Cubra y cocine a fuego lento durante 20 minutos. Deje enfriar y enfríe antes de servir.

Pollo Con Pepino

Para 4 personas

1 pepino, pelado y sin semillas
225 g de pollo cocido, cortado en trozos pequeños
5 ml/1 cucharadita de mostaza en polvo
2,5 ml/¬Ω cucharadita de sal
30 ml/2 cucharadas de vinagre de vino

Corta el pepino en tiras y colócalas en un plato para servir. Coloque el pollo encima. Mezcla la mostaza, la sal y el vinagre de vino y vierte sobre el pollo justo antes de servir.

Pollo al sésamo

Para 4 personas

350 g de pollo cocido
120 ml/4 fl oz/½ taza de agua
5 ml/1 cucharadita de mostaza en polvo
15 ml/1 cucharada de semillas de sésamo
2,5 ml/½ cucharadita de sal
una pizca de azucar
45 ml/3 cucharadas de cilantro fresco picado
5 cebolletas (cebolletas), picadas
½ lechuga rallada

Corta el pollo en tiras finas. Mezcle suficiente agua con la mostaza para hacer una pasta suave y agréguela al pollo. Tostar las semillas de sésamo en una sartén seca hasta que estén ligeramente doradas, luego agregarlas al pollo y espolvorear con sal y azúcar. Añade la mitad del perejil y las cebolletas y mezcla bien. Coloque la lechuga en una fuente para servir, cubra con la mezcla de pollo y decore con el perejil restante.

Lichi con jengibre

Para 4 personas

1 sandía grande, cortada por la mitad y sin semillas
450 g/1 libra de lichis enlatados, escurridos
5 cm/2 cm de tallo de jengibre, en rodajas
unas hojas de menta

Rellena las mitades de melón con lichi y jengibre, decora con hojas de menta. Dejar enfriar antes de servir.

Alitas de pollo cocidas rojas

Para 4 personas

8 alitas de pollo
2 cebolletas (cebolletas), picadas
75 ml/5 cucharadas de salsa de soja
120 ml/4 fl oz/¬Ω taza de agua
30 ml/2 cucharadas de azúcar moreno

Recorta y desecha las puntas huesudas de las alitas de pollo y córtalas por la mitad. Colocar en una cacerola con los demás ingredientes, llevar a ebullición, tapar y cocinar a fuego lento durante 30 minutos. Retire la tapa y continúe cocinando a fuego lento durante otros 15 minutos, rociando con frecuencia. Dejar enfriar y luego enfriar antes de servir.

Carne De Cangrejo Con Pepino

Para 4 personas

100 g de carne de cangrejo, desmenuzada

2 pepinos, pelados y picados

1 rodaja de raíz de jengibre, picada

15 ml/1 cucharada de salsa de soja

30 ml/2 cucharadas de vinagre de vino

5ml/1 cucharadita de azúcar

unas gotas de aceite de sésamo

Coloque la carne de cangrejo y los pepinos en un bol. Mezcle los ingredientes restantes, vierta sobre la mezcla de carne de cangrejo y mezcle bien. Cubra y refrigere por 30 minutos antes de servir.

Las setas marinadas

Para 4 personas

225 g de champiñones
30 ml/2 cucharadas de salsa de soja
15 ml/1 cucharada de vino de arroz o jerez seco
pizca de sal
unas gotas de tabasco
unas gotas de aceite de sésamo

Escaldar los champiñones en agua hirviendo durante 2 minutos, luego escurrirlos y secarlos. Colocar en un bol y verter sobre los demás ingredientes. Mezclar bien y dejar enfriar antes de servir.

Champiñones Marinados Al Ajillo

Para 4 personas

225 g de champiñones
3 dientes de ajo machacados
30 ml/2 cucharadas de salsa de soja
30 ml/2 cucharadas de vino de arroz o jerez seco
15 ml/1 cucharada de aceite de sésamo
pizca de sal

Coloca los champiñones y el ajo en un colador, vierte agua hirviendo sobre ellos y déjalos por 3 minutos. Escurrir y secar bien. Mezclar los demás ingredientes, verter la marinada sobre los champiñones y dejar marinar 1 hora.

Camarones y Coliflor

Para 4 personas

225 g de floretes de coliflor
100 g de gambas peladas
15 ml/1 cucharada de salsa de soja
5 ml/1 cucharadita de aceite de sésamo

Por separado, hierve la coliflor durante unos 5 minutos hasta que esté tierna pero aún crujiente. Mezclar con las gambas, espolvorear con salsa de soja y aceite de sésamo y sofreír. Dejar enfriar antes de servir.

palitos de jamón con sésamo

Para 4 personas

225 g de jamón cortado en tiras
10 ml/2 cucharaditas de salsa de soja
2,5 ml/¬Ω cucharadita de aceite de sésamo

Coloca el jamón en un plato para servir. Mezclar la salsa de soja y el aceite de sésamo, espolvorear el jamón y servir.

tofu frio

Para 4 personas

450 g de tofu, en rodajas
45 ml/3 cucharadas de salsa de soja
45 ml/3 cucharadas de aceite de maní (maní).
pimienta recién molida

Coloque el tofu, unas cuantas rodajas a la vez, en un colador y sumérjalo en agua hirviendo durante 40 segundos, luego escúrralo y colóquelo en un plato para servir. Dejar enfriar. Mezclar la salsa de soja y el aceite, espolvorear el tofu y servir espolvoreado con pimienta.

Pollo Con Tocino

Para 4 personas

225 g de pollo, en rodajas muy finas
75 ml/5 cucharadas de salsa de soja
15 ml/1 cucharada de vino de arroz o jerez seco
1 diente de ajo, machacado
15 ml/1 cucharada de azúcar moreno
5 ml/1 cucharadita de sal
5 ml/1 cucharadita de raíz de jengibre picada
225 g de tocino magro, cortado en cubos
100 g de castañas de agua cortadas en rodajas muy finas
30 ml/2 cucharadas de miel

Coloca el pollo en un bol. Mezclar 45ml/3 cucharadas de salsa de soja con el vino o jerez, el ajo, el azúcar, la sal y el jengibre, verter sobre el pollo y dejar marinar durante unas 3 horas. Ensarta el pollo, el tocino y las castañas en las brochetas de kebab. Mezclar el resto de la salsa de soja con miel y untar las brochetas. Ase (asar) bajo una parrilla caliente durante unos 10 minutos hasta que estén bien cocidos, volteándolos con frecuencia y untándolos con glaseado adicional mientras se cocinan.

Papas fritas con pollo y plátano

Para 4 personas

2 pechugas de pollo cocidas
2 plátanos firmes
6 rebanadas de pan
4 huevos
120 ml/4 fl oz/¬Ω taza de leche
50 g/2 oz/¬Ω taza de harina común (para todo uso).
225 g/8 oz/4 tazas de pan rallado fresco
freír aceite

Corta el pollo en 24 trozos. Pela los plátanos y córtalos en cuartos a lo largo. Corta cada cuarto en tercios para hacer 24 piezas. Recorta la corteza del pan y córtalo en cuartos. Batir los huevos y la leche y untar un lado del pan. Coloque un trozo de pollo y un trozo de plátano en el lado cubierto de huevo de cada trozo de pan. Enharinar ligeramente los cuadritos, luego pasarlos por huevo y cubrirlos con pan rallado. Pasar nuevamente por el huevo y el pan rallado. Calentar el aceite y freír unos cuadritos a la vez hasta que estén dorados. Escurrir sobre papel de cocina antes de servir.

Pollo Con Jengibre Y Champiñones

Para 4 personas

225 g de filetes de pechuga de pollo

5 ml/1 cucharadita de polvo de cinco especias

15ml/1 cucharada de harina (para todo uso).

120 ml/4 fl oz/¬Ω taza de aceite de maní (maní).

4 chalotas, partidas por la mitad

1 diente de ajo, rebanado

1 rodaja de raíz de jengibre, picada

25 g/1 oz/¬° taza de anacardos

5 ml/1 cucharadita de miel

15 ml/1 cucharada de harina de arroz

75 ml/5 cucharadas de vino de arroz o jerez seco

100 g de champiñones cortados en cuartos

2,5 ml/¬Ω cucharadita de cúrcuma

6 chiles amarillos, cortados a la mitad

5 ml/1 cucharadita de salsa de soja

¬Ω jugo de lima

sal y pimienta

4 hojas de lechuga crujientes

Corta la pechuga de pollo en diagonal a lo largo de la fibra en tiras finas. Espolvoree con cinco especias en polvo y cubra ligeramente con harina. Calentar 15ml/1 cucharada de aceite y freír el pollo hasta que esté dorado. Retirar de la sartén. Calentar un poco más de aceite y sofreír las chalotas, el ajo, el jengibre y los anacardos durante 1 minuto. Agregue la miel y revuelva hasta que las verduras estén cubiertas. Espolvoree harina y luego agregue vino o jerez. Agrega los champiñones, la cúrcuma y la guindilla y cocina por 1 minuto. Agrega el pollo, la salsa de soja, la mitad del jugo de lima, la sal y la pimienta y calienta bien. Retirar de la sartén y mantener caliente. Calentar un poco más de aceite, añadir las hojas de lechuga y sofreír rápidamente, sazone con sal y pimienta y el jugo de lima restante. Coloque las hojas de lechuga en un plato caliente, coloque la carne y las verduras encima y sirva.

Pollo y Jamón

Para 4 personas

225 g de pollo, en rodajas muy finas

75 ml/5 cucharadas de salsa de soja

15 ml/1 cucharada de vino de arroz o jerez seco

15 ml/1 cucharada de azúcar moreno

5 ml/1 cucharadita de raíz de jengibre picada

1 diente de ajo, machacado

225 g de jamón cocido cortado en cubitos

30 ml/2 cucharadas de miel

Colocar el pollo en un bol con 45ml/3 cucharadas de salsa de soja, vino o jerez, azúcar, jengibre y ajo. Dejar marinar durante 3 horas. Ensarta el pollo y el jamón en las brochetas de kebab. Mezclar el resto de la salsa de soja con miel y untar las brochetas. Ase (asar) bajo una parrilla caliente durante unos 10 minutos, volteándolos con frecuencia y untándolos con glaseado mientras se cocinan.

Hígados de pollo a la parrilla

Para 4 personas

450 g de hígados de pollo
45 ml/3 cucharadas de salsa de soja
15 ml/1 cucharada de vino de arroz o jerez seco
15 ml/1 cucharada de azúcar moreno
5 ml/1 cucharadita de sal
5 ml/1 cucharadita de raíz de jengibre picada
1 diente de ajo, machacado

Blanquear los hígados de pollo en agua hirviendo durante 2 minutos y luego escurrirlos bien. Colocar en un bol con todos los demás ingredientes excepto el aceite y dejar marinar durante unas 3 horas. Enhebre los hígados de pollo en las brochetas de kebab y cocínelos a la parrilla bajo una parrilla caliente durante unos 8 minutos hasta que estén dorados.

Bolas de cangrejo con castañas de agua

Para 4 personas

450 g de carne de cangrejo, picada

100 g de castañas de agua picadas

1 diente de ajo, machacado

1 cm/¬Ω raíz de jengibre en rodajas, picada

45 ml/3 cucharadas de harina de maíz (almidón de maíz)

30 ml/2 cucharadas de salsa de soja

15 ml/1 cucharada de vino de arroz o jerez seco

5 ml/1 cucharadita de sal

5ml/1 cucharadita de azúcar

3 huevos batidos

freír aceite

Mezclar todos los ingredientes menos el aceite y formar bolitas. Calentar el aceite y sofreír las bolas de cangrejo hasta que estén doradas. Escurrir bien antes de servir.

dim sum

Para 4 personas

100 g de gambas peladas y picadas
225 g de carne magra de cerdo finamente picada
50 g de bok choy finamente picado
3 cebolletas (cebolletas), picadas
1 huevo batido
30 ml/2 cucharadas de harina de maíz (almidón de maíz)
10 ml/2 cucharaditas de salsa de soja
5 ml/1 cucharadita de aceite de sésamo
5 ml/1 cucharadita de salsa de ostras
24 pieles de wonton
freír aceite

Mezcle las gambas, el cerdo, el repollo y las cebolletas. Combine el huevo, la maicena, la salsa de soja, el aceite de sésamo y la salsa de ostras. Coloque cucharadas de la mezcla en el centro de cada piel de wonton. Envuelva suavemente los envoltorios alrededor del relleno, metiendo los bordes pero dejando la parte superior abierta. Calentar el aceite y freír los dim sum poco a poco hasta que estén dorados. Escurrir bien y servir caliente.

Rollitos de jamón y pollo

Para 4 personas

2 pechugas de pollo

1 diente de ajo, machacado

2,5 ml/¬Ω cucharadita de sal

2,5 ml/¬Ω cucharadita de cinco especias en polvo

4 lonchas de jamón cocido

1 huevo batido

30 ml/2 cucharadas de leche

25 g/1 oz/¬° taza de harina común (para todo uso).

4 pieles de rollito de huevo

freír aceite

Corta las pechugas de pollo por la mitad. Bátelos hasta que estén muy finos. Mezcle el ajo, la sal y las cinco especias en polvo y espolvoree sobre el pollo. Coloca una loncha de jamón encima de cada trozo de pollo y enróllalo bien. Mezclar el huevo y la leche. Enharine ligeramente los trozos de pollo y luego sumérjalos en la mezcla de huevo. Coloca cada pieza sobre la piel de un rollito de huevo y pinta los bordes con huevo batido. Doble los lados hacia adentro y luego enróllelos, pellizcando los bordes para sellar.

Calentar el aceite y freír los rollitos durante unos 5 minutos hasta que estén dorados.

dorado y cocido. Escurrir sobre papel de cocina y luego cortar en rodajas diagonales gruesas para servir.

Girasoles de jamón al horno

Para 4 personas

350 g/12 oz/3 tazas de harina (para todo uso).
175 g/6 oz/¬œ taza de mantequilla
120 ml/4 fl oz/¬Ω taza de agua
225 g de jamón, picado
100 g de brotes de bambú, picados
2 cebolletas (cebolletas), picadas
15 ml/1 cucharada de salsa de soja
30 ml/2 cucharadas de semillas de sésamo

Coloca la harina en un bol y agrega la mantequilla. Mezclar con el agua para formar una masa. Estirar la masa y cortarla en círculos de 5 cm/2 cm. Mezclar todos los demás ingredientes excepto las semillas de sésamo y colocar una cuchara en cada círculo. Cepille los bordes del hojaldre con agua y séllelos. Cepille el exterior con agua y espolvoree con semillas de sésamo. Hornee en horno precalentado a 180¬∞C/350¬∞F/gas 4 durante 30 minutos.

Pescado Pseudo Ahumado

Para 4 personas

1 lubina
3 rodajas de raíz de jengibre, en rodajas
1 diente de ajo, machacado
1 cebolla tierna (cebolleta), en rodajas gruesas
75 ml/5 cucharadas de salsa de soja
30 ml/2 cucharadas de vino de arroz o jerez seco
2,5 ml/¬Ω cucharadita de anís molido
2,5 ml/¬Ω cucharadita de aceite de sésamo
10ml/2 cucharaditas de azúcar
120 ml/4 fl oz/¬Ω taza de caldo
freír aceite
5 ml/1 cucharadita de harina de maíz (almidón de maíz)

Limpiar el pescado y cortarlo en rodajas de 5 mm (¬° in). Mezcle el jengibre, el ajo, la cebolleta, 60 ml/4 cucharadas de salsa de soja, el jerez, el anís y el aceite de sésamo. Vierta sobre el pescado y sazone delicadamente. Dejar reposar 2 horas, revolviendo de vez en cuando.

Escurre la marinada en una cacerola y coloca el pescado sobre papel de cocina. Agrega el azúcar, el caldo y la salsa de soja restante.

marinar, llevar a ebullición y cocinar a fuego lento durante 1 minuto. Si es necesario espesar la salsa, mezcle la maicena con un poco de agua fría, agregue la salsa y cocine a fuego lento, revolviendo, hasta que la salsa espese.

Mientras tanto, calentar el aceite y sofreír el pescado hasta que esté dorado. Escurrir bien. Sumerja los trozos de pescado en la marinada y luego colóquelos en un plato caliente para servir. Servir caliente o frío.

Champiñones guisados

Para 4 personas

12 cabezas grandes de champiñones secos
225 g de carne de cangrejo
3 castañas de agua, picadas
2 cebolletas (cebolletas), finamente picadas
1 clara de huevo
15 ml/1 cucharada de harina de maíz (almidón de maíz)
15 ml/1 cucharada de salsa de soja
15 ml/1 cucharada de vino de arroz o jerez seco

Remoja los champiñones en agua tibia durante la noche. Escurrir para secar. Mezclar los demás ingredientes y utilizarlos para rellenar las tapas de los champiñones. Colóquelo sobre una rejilla para vapor y cocine al vapor durante 40 minutos. Servir caliente.

Champiñones En Salsa De Ostras

Para 4 personas

10 champiñones chinos secos
250 ml/8 fl oz/1 taza de caldo de res
15 ml/1 cucharada de harina de maíz (almidón de maíz)
30 ml/2 cucharadas de salsa de ostras
5 ml/1 cucharadita de vino de arroz o jerez seco

Remoje los champiñones en agua tibia durante 30 minutos, luego escúrralos y reserve 250 ml/8 fl oz/1 taza de líquido de remojo. Deseche los tallos. Mezclar 60 ml/4 cucharadas de caldo de res con la maicena hasta que se forme una pasta. Lleve a ebullición el caldo de res restante con los champiñones y el líquido de los champiñones, cubra y cocine a fuego lento durante 20 minutos. Retire los champiñones del líquido con una espumadera y colóquelos en un plato para servir caliente. Agregue la salsa de ostras y el jerez a la sartén y cocine a fuego lento, revolviendo durante 2 minutos. Agregue la pasta de harina de maíz y cocine a fuego lento, revolviendo hasta que la salsa espese. Vierta sobre los champiñones y sirva inmediatamente.

Rollitos de cerdo y lechuga

Para 4 personas

4 champiñones chinos secos

15 ml/1 cucharada de aceite de maní (cacahuete).

225 g de carne magra de cerdo picada

100 g de brotes de bambú, picados

100 g de castañas de agua picadas

4 cebolletas (cebolletas), picadas

175 g de carne de cangrejo, desmenuzada

30 ml/2 cucharadas de vino de arroz o jerez seco

15 ml/1 cucharada de salsa de soja

10 ml/2 cucharaditas de salsa de ostras

10 ml/2 cucharaditas de aceite de sésamo

9 hojas chinas

Remojar los champiñones en agua tibia durante 30 minutos y luego escurrirlos. Quitar los tallos y picar las tapas. Calentar el aceite y sofreír el cerdo durante 5 minutos. Añade los champiñones, los brotes de bambú, las castañas de agua, las cebolletas y la carne de cangrejo y sofríe durante 2 minutos. Mezcle el vino o jerez, la salsa de soja, la salsa de ostras y el aceite de sésamo y revuelva en la sartén. Alejar del calor.

Mientras tanto, blanquear las hojas chinas en agua hirviendo durante 1 minuto.

drenar. Coloque una cucharada de mezcla de carne de cerdo en el centro de cada hoja, doble los lados y enrolle para servir.

Albóndigas De Cerdo Y Castañas

Para 4 personas

450 g de carne de cerdo picada (picada).
50 g de champiñones, finamente picados
50 g de castañas de agua, finamente picadas
1 diente de ajo, machacado
1 huevo batido
30 ml/2 cucharadas de salsa de soja
15 ml/1 cucharada de vino de arroz o jerez seco
5 ml/1 cucharadita de raíz de jengibre picada
5ml/1 cucharadita de azúcar
sal
30 ml/2 cucharadas de harina de maíz (almidón de maíz)
freír aceite

Mezclar todos los ingredientes menos la maicena y formar bolitas con la mezcla. Pasar por la maicena. Calentar el aceite y sofreír las albóndigas durante unos 10 minutos hasta que estén doradas. Escurrir bien antes de servir.

Albóndigas de cerdo

Para 4,Äì6 porciones

450 g/1 libra de harina (para todo uso).

500 ml/17 fl oz/2 tazas de agua

450 g de carne de cerdo cocida, picada

225 g de gambas peladas y picadas

4 ramas de apio, picadas

15 ml/1 cucharada de salsa de soja

15 ml/1 cucharada de vino de arroz o jerez seco

15 ml/1 cucharada de aceite de sésamo

5 ml/1 cucharadita de sal

2 cebolletas (cebolletas), finamente picadas

2 dientes de ajo machacados

1 rodaja de raíz de jengibre, picada

Mezclar la harina y el agua hasta obtener una masa suave y amasar bien. Tapar y dejar reposar durante 10 minutos. Estirar la masa lo más finamente posible y cortarla en círculos de 5 cm. Mezcle todos los demás ingredientes. Coloca una cucharada de la mezcla en cada círculo, humedece los bordes y cierra formando un semicírculo. Ponga a hervir una olla con agua y luego sumerja suavemente los ñoquis en el agua.

Albóndigas De Cerdo Y Ternera

Para 4 personas

100 g de carne de cerdo picada (picada).
100 g de ternera picada (picada).
1 rebanada de tocino rayado, picado (molido)
15 ml/1 cucharada de salsa de soja
sal y pimienta
1 huevo batido
30 ml/2 cucharadas de harina de maíz (almidón de maíz)
freír aceite

Mezcla la carne molida y el tocino y sazona con sal y pimienta. Combinar con el huevo, formar bolitas del tamaño de una nuez y espolvorear con maicena. Calentar el aceite y freír hasta que estén doradas. Escurrir bien antes de servir.

Camarones Mariposa

Para 4 personas

450 g de gambas grandes peladas
15 ml/1 cucharada de salsa de soja
5 ml/1 cucharadita de vino de arroz o jerez seco
5 ml/1 cucharadita de raíz de jengibre picada
2,5 ml/½ cucharadita de sal
2 huevos batidos
30 ml/2 cucharadas de harina de maíz (almidón de maíz)
15ml/1 cucharada de harina (para todo uso).
freír aceite

Cortar las gambas por la mitad del lomo y disponerlas en forma de mariposa. Mezclar la salsa de soja, el vino o jerez, el jengibre y la sal. Verter sobre las gambas y dejar marinar 30 minutos. Retirar de la marinada y secar. Batir el huevo con la maicena y la harina hasta obtener una masa y mojar las gambas en la masa. Calentar el aceite y sofreír las gambas hasta que estén doradas. Escurrir bien antes de servir.

camarones chinos

Para 4 personas

450 g de gambas sin pelar
30ml/2 cucharadas de salsa inglesa
15 ml/1 cucharada de salsa de soja
15 ml/1 cucharada de vino de arroz o jerez seco
15 ml/1 cucharada de azúcar moreno

Coloca los camarones en un bol. Mezclar el resto de ingredientes, verter sobre las gambas y dejar marinar 30 minutos. Transfiera a una bandeja para hornear y hornee en un horno precalentado a 150¬∞C/300¬∞F/termostato de gas 2 durante 25 minutos. Sirva caliente o frío con las conchas para que los invitados puedan conchas las suyas.

Nubes de dragón

Para 4 personas

100 g de galletas de gambas

freír aceite

Calienta el aceite hasta que esté muy caliente. Añade un puñado de galletas de gambas a la vez y sofríe unos segundos hasta que se inflen. Retirar del aceite y escurrir sobre papel de cocina sin dejar de freír las galletas.

Gambas crujientes

Para 4 personas

450 g de gambas tigre peladas
15 ml/1 cucharada de vino de arroz o jerez seco
10 ml/2 cucharaditas de salsa de soja
5 ml/1 cucharadita de polvo de cinco especias
sal y pimienta
90 ml/6 cucharadas de harina de maíz (almidón de maíz)
2 huevos batidos
100 g de pan rallado
aceite de maní para freír

Mezclar los langostinos con el vino o jerez, la salsa de soja y el polvo de cinco especias y sazonar con sal y pimienta. Pasarlos por harina de maíz, luego pasarlos por huevo batido y pan rallado. Freír en aceite hirviendo durante unos minutos hasta que estén doradas, luego escurrir y servir inmediatamente.

Gambas Con Salsa De Jengibre

Para 4 personas

15 ml/1 cucharada de salsa de soja
5 ml/1 cucharadita de vino de arroz o jerez seco
5 ml/1 cucharadita de aceite de sésamo
450 g de gambas peladas
30 ml/2 cucharadas de perejil fresco picado
15 ml/1 cucharada de vinagre de vino
5 ml/1 cucharadita de raíz de jengibre picada

Mezcle la salsa de soja, el vino o jerez y el aceite de sésamo. Verter sobre las gambas, tapar y dejar marinar 30 minutos. Asa los langostinos durante unos minutos hasta que estén cocidos, rociándolos con la marinada. Mientras tanto, mezcle el perejil, el vinagre de vino y el jengibre para servir con las gambas.

Rollitos de camarones y fideos

Para 4 personas

50 g de pasta al huevo, cortada en trozos
15 ml/1 cucharada de aceite de maní (cacahuete).
50 g de carne magra de cerdo finamente picada
100 g de champiñones picados
3 cebolletas (cebolletas), picadas
100 g de gambas peladas y picadas
15 ml/1 cucharada de vino de arroz o jerez seco
sal y pimienta
24 pieles de wonton
1 huevo batido
freír aceite

Cuece los tallarines en agua hirviendo durante 5 minutos, luego escúrrelos y pícalos. Calentar el aceite y sofreír el cerdo durante 4 minutos. Agrega los champiñones y la cebolla y saltea durante 2 minutos, luego retira del fuego. Añade las gambas, el vino o jerez y los tallarines y sazona al gusto con sal y pimienta. Coloca cucharadas de la mezcla en el centro de cada piel de wonton y pincela los bordes con el huevo batido. Doble los bordes y luego enrolle los envoltorios, sellando los bordes. Calentar el aceite y sofreír los rollitos.

unos pocos a la vez durante unos 5 minutos hasta que se doren. Escurrir sobre papel de cocina antes de servir.

tostada de camarones

Para 4 personas

2 huevos 450 g de gambas peladas y picadas
15 ml/1 cucharada de harina de maíz (almidón de maíz)
1 cebolla, finamente picada
30 ml/2 cucharadas de salsa de soja
15 ml/1 cucharada de vino de arroz o jerez seco
5 ml/1 cucharadita de sal
5 ml/1 cucharadita de raíz de jengibre picada
8 rebanadas de pan, cortadas en triángulos
freír aceite

Mezclar 1 huevo con todos los demás ingredientes excepto el pan y el aceite. Vierta la mezcla sobre los triángulos de pan y presione hasta formar una cúpula. Pincelar con el huevo restante. Calentar unos 5 cm de aceite y sofreír los triángulos de pan hasta que estén dorados. Escurrir bien antes de servir.

Wontons de cerdo y gambas con salsa agridulce

Para 4 personas

120 ml/4 fl oz/½ taza de agua

60 ml/4 cucharadas de vinagre de vino

60 ml/4 cucharadas de azúcar moreno

30 ml/2 cucharadas de pasta de tomate√©e (pasta)

10 ml/2 cucharaditas de harina de maíz (almidón de maíz)

25 g de champiñones picados

25 g de gambas peladas y picadas

50 g de carne magra de cerdo picada

2 cebolletas (cebolletas), picadas

5 ml/1 cucharadita de salsa de soja

2,5 ml/½ cucharadita de raíz de jengibre rallada

1 diente de ajo, machacado

24 pieles de wonton

freír aceite

En una cacerola, mezcle el agua, el vinagre de vino, el azúcar, la pasta de tomate y la maicena. Llevar a ebullición, revolviendo constantemente, luego cocinar a fuego lento durante 1 minuto. Retirar del fuego y mantener caliente.

Agregue los champiñones, las gambas, el cerdo, las cebolletas, la salsa de soja, el jengibre y el ajo. Coloque una cucharada de relleno en cada piel, cepille los bordes con agua y presione para sellar. Calentar el aceite y freír los wontons de a poco hasta que estén dorados. Escurrir sobre papel de cocina y servir caliente con salsa agridulce.

Caldo de pollo

Rinde 2 litros/3½ puntos/8½ tazas

1,5 kg/2 lb de huesos de pollo cocidos o crudos
450 g de huesos de cerdo
Trozos de raíz de jengibre de 1 cm/½ pulgada
3 cebollines (cebolletas), en rodajas
1 diente de ajo, machacado
5 ml/1 cucharadita de sal
2,25 litros/4 pt/10 tazas de agua

Llevar todos los ingredientes a ebullición, tapar y cocinar a fuego lento durante 15 minutos. Elimina la grasa. Tape y cocine a fuego lento durante 1 1/2 horas. Filtrar, enfriar y desnatar. Congele en pequeñas cantidades o guárdelo en el frigorífico y consúmalo en 2 días.

Sopa de brotes de soja y cerdo

Para 4 personas

450 g de cerdo cortado en cubitos

1.5 L/2½ pt/6 tazas de caldo de pollo

5 rodajas de raíz de jengibre

350 g de brotes de soja

15ml/1 cucharada de sal

Blanquear la carne de cerdo en agua hirviendo durante 10 minutos y luego escurrir. Llevar a ebullición el caldo y añadir la carne de cerdo y el jengibre. Cubra y cocine a fuego lento durante 50 minutos. Añade los brotes de soja y la sal y cocina a fuego lento durante 20 minutos.

Sopa De Abulón Y Champiñones

Para 4 personas

60 ml/4 cucharadas de aceite de maní (maní).
100 g de carne magra de cerdo cortada en tiras
225 g de abulón enlatado, cortado en tiras
100 g de champiñones, en rodajas
2 tallos de apio, rebanados
50 g de jamón cortado en tiras
2 cebollas, rebanadas
1,5 L/2½ pt/6 tazas de agua
30 ml/2 cucharadas de vinagre de vino
45 ml/3 cucharadas de salsa de soja
2 rodajas de raíz de jengibre, picada
sal y pimienta recién molida
15 ml/1 cucharada de harina de maíz (almidón de maíz)
45 ml/3 cucharadas de agua

Calentar el aceite y sofreír la carne de cerdo, el abulón, los champiñones, el apio, el jamón y la cebolla durante 8 minutos. Agrega el agua y el vinagre de vino, lleva a ebullición, tapa y cocina a fuego lento durante 20 minutos. Agrega la salsa de soja, el jengibre, la sal y la pimienta. Licúa la maicena hasta formar una pasta con la

agua, vierta en la sopa y cocine a fuego lento, revolviendo, durante 5 minutos hasta que la sopa se aclare y espese.

Sopa De Pollo Y Espárragos

Para 4 personas

100 g de pollo, picado

2 claras de huevo

2,5ml/½ cucharadita de sal

30 ml/2 cucharadas de harina de maíz (almidón de maíz)

225 g de espárragos, cortados en trozos de 5 cm

100 g de brotes de soja

1.5 L/2½ pt/6 tazas de caldo de pollo

100 g de champiñones

Mezclar el pollo con las claras, la sal y la maicena y dejar reposar 30 minutos. Cocine el pollo en agua hirviendo durante unos 10 minutos hasta que esté bien cocido, luego escúrralo bien. Blanquear los espárragos en agua hirviendo durante 2 minutos y luego escurrirlos. Blanquear los brotes de soja en agua hirviendo durante 3 minutos y luego escurrirlos. Vierta el caldo en una cacerola grande y agregue el pollo, los espárragos, los champiñones y los brotes de soja. Llevar a ebullición y sazonar con sal. Cocine a fuego lento durante unos minutos para permitir que se desarrollen los sabores y hasta que las verduras estén tiernas pero aún crujientes.

Sopa de res

Para 4 personas

225 g/8 oz de carne molida (molida).
15 ml/1 cucharada de salsa de soja
15 ml/1 cucharada de vino de arroz o jerez seco
15 ml/1 cucharada de harina de maíz (almidón de maíz)
1.2 L/2 pt/5 tazas de caldo de pollo
5 ml/1 cucharadita de salsa de chile y frijoles
sal y pimienta
2 huevos batidos
6 cebolletas (cebolletas), picadas

Mezclar la carne con la salsa de soja, el vino o jerez y la maicena. Añadir al caldo y llevar a ebullición poco a poco, revolviendo. Agregue la salsa de chile y sazone al gusto con sal y pimienta, cubra y cocine a fuego lento durante unos 10 minutos, revolviendo ocasionalmente. Agregue los huevos y sirva espolvoreados con cebolletas.

Sopa china de carne y hojas

Para 4 personas

200 g de carne magra de ternera cortada en tiras
15 ml/1 cucharada de salsa de soja
15 ml/1 cucharada de aceite de maní (cacahuete).
1.5 L/2½ pt/6 tazas de caldo de res
5 ml/1 cucharadita de sal
2,5ml/½ cucharadita de azúcar
½ cabeza de hojas chinas cortadas en trozos

Mezclar la carne con la salsa de soja y el aceite y dejar marinar durante 30 minutos, revolviendo de vez en cuando. Llevar a ebullición el caldo con la sal y el azúcar, añadir las hojas chinas y cocinar a fuego lento unos 10 minutos hasta que esté casi cocido. Agrega la carne y cocina a fuego lento durante otros 5 minutos.

Sopa de repollo

Para 4 personas

60 ml/4 cucharadas de aceite de maní (maní).
2 cebollas picadas
100 g de carne magra de cerdo cortada en tiras
225 g de bok choy rallado
10ml/2 cucharaditas de azúcar
1.2 L/2 pt/5 tazas de caldo de pollo
45 ml/3 cucharadas de salsa de soja
sal y pimienta
15 ml/1 cucharada de harina de maíz (almidón de maíz)

Calentar el aceite y sofreír la cebolla y el cerdo hasta que estén dorados. Agrega el repollo y el azúcar y sofríe durante 5 minutos. Agrega el caldo y la salsa de soja y sazona al gusto con sal y pimienta. Llevar a ebullición, tapar y cocinar a fuego lento durante 20 minutos. Mezclar la maicena con un poco de agua, agregarla a la sopa y cocinar a fuego lento, revolviendo, hasta que la sopa espese y quede clara.

Sopa De Carne Picante

Para 4 personas

45 ml/3 cucharadas de aceite de maní (maní).

1 diente de ajo, machacado

5 ml/1 cucharadita de sal

225 g/8 oz de carne molida (molida).

6 cebolletas (cebolletas), cortadas en tiras

1 pimiento rojo, cortado en tiras

1 pimiento verde, cortado en tiras

225 g de col picada

1 L/1¾ pt/4¼ tazas de caldo de res

30 ml/2 cucharadas de salsa de ciruela

30 ml/2 cucharadas de salsa hoisin

45 ml/3 cucharadas de salsa de soja

2 piezas de jengibre de tallo, picado

2 huevos

5 ml/1 cucharadita de aceite de sésamo

225 g de fideos transparentes remojados

Calentar el aceite y sofreír los ajos y la sal hasta que estén dorados. Agrega la carne y dora rápidamente. Agrega las verduras y sofríe hasta que estén transparentes. Agregue el caldo, la salsa de ciruela y la salsa hoisin, 30 ml/2

una cucharada de salsa de soja y jengibre, llevar a ebullición y cocinar a fuego lento durante 10 minutos. Batir los huevos con el aceite de sésamo y el resto de la salsa de soja. Agregue a la sopa con fideos y cocine, revolviendo, hasta que los huevos formen hilos y los fideos estén tiernos.

sopa celestial

Para 4 personas

2 cebolletas (cebolletas), picadas
1 diente de ajo, machacado
30 ml/2 cucharadas de perejil fresco picado
5 ml/1 cucharadita de sal
15 ml/1 cucharada de aceite de maní (cacahuete).
30 ml/2 cucharadas de salsa de soja
1,5 L/2½ pt/6 tazas de agua

Mezcle las cebolletas, el ajo, el perejil, la sal, el aceite y la salsa de soja. Llevar el agua a ebullición, verter encima la mezcla de cebolletas y dejar reposar 3 minutos.

Sopa de pollo y brotes de bambú

Para 4 personas

2 muslos de pollo
30 ml/2 cucharadas de aceite de maní (maní).
5 ml/1 cucharadita de vino de arroz o jerez seco
1.5 L/2½ pt/6 tazas de caldo de pollo
3 cebolletas, cortadas en rodajas
100 g de brotes de bambú, cortados en trozos
5 ml/1 cucharadita de raíz de jengibre picada
sal

Deshuesar el pollo y cortar la carne en trozos. Calienta el aceite y fríe el pollo hasta que esté sellado por todos lados. Agregue el caldo, las cebolletas, los brotes de bambú y el jengibre, lleve a ebullición y cocine a fuego lento durante unos 20 minutos hasta que el pollo esté tierno. Sazone con sal antes de servir.

Sopa De Pollo Y Maíz

Para 4 personas

1 L/1¾ pt/4¼ tazas de caldo de pollo

100 g de pollo, picado

200 g de crema de maíz dulce

cortar el jamón, picado

huevos batidos

15 ml/1 cucharada de vino de arroz o jerez seco

Llevar a ebullición el caldo y el pollo, tapar y cocinar a fuego lento durante 15 minutos. Agrega el maíz dulce y el jamón, tapa y cocina a fuego lento durante 5 minutos. Agrega los huevos y el jerez, revolviendo lentamente con un palillo para que los huevos formen mechones. Retirar del fuego, tapar y dejar reposar 3 minutos antes de servir.

Sopa De Pollo Y Jengibre

Para 4 personas

4 champiñones chinos secos
1.5 L/2½ pt/6 tazas de agua o caldo de pollo
225 g de carne de pollo, cortada en cubos
10 rodajas de raíz de jengibre
5 ml/1 cucharadita de vino de arroz o jerez seco
sal

Remojar los champiñones en agua tibia durante 30 minutos y luego escurrirlos. Deseche los tallos. Llevar a ebullición el agua o caldo con los demás ingredientes y cocinar a fuego lento durante unos 20 minutos hasta que el pollo esté cocido.

Sopa de pollo con champiñones chinos

Para 4 personas

25 g de champiñones chinos secos
100 g de pollo, picado
50 g de brotes de bambú rallados
30 ml/2 cucharadas de salsa de soja
30 ml/2 cucharadas de vino de arroz o jerez seco
1.2 L/2 pt/5 tazas de caldo de pollo

Remojar los champiñones en agua tibia durante 30 minutos y luego escurrirlos. Retire los tallos y corte las tapas. Escalde los champiñones, el pollo y los brotes de bambú en agua hirviendo durante 30 segundos y luego escúrralos. Colócalas en un bol y añade la salsa de soja y el vino o jerez. Dejar marinar durante 1 hora. Llevar el caldo a ebullición, agregar la mezcla de pollo y la marinada. Mezclar bien y cocinar a fuego lento durante unos minutos hasta que el pollo esté bien cocido.

Sopa De Pollo Y Arroz

Para 4 personas

1 L/1¾ pt/4¼ tazas de caldo de pollo

225 g/8 oz/1 taza de arroz de grano largo cocido

100 g de pollo cocido, cortado en tiras

1 cebolla, cortada en gajos

5 ml/1 cucharadita de salsa de soja

Calentar todos los ingredientes juntos hasta que estén calientes sin dejar que hierva la sopa.

Sopa De Pollo Y Coco

Para 4 personas
350 g de pechuga de pollo
sal
10 ml/2 cucharaditas de harina de maíz (almidón de maíz)
30 ml/2 cucharadas de aceite de maní (maní).
1 chile verde, picado
1 L/1¾ pt/4¼ tazas de leche de coco
5 ml/1 cucharadita de ralladura de limón
12 lichis
una pizca de nuez moscada rallada
sal y pimienta recién molida
2 hojas de melisa

Corta la pechuga de pollo en diagonal a lo largo de la fibra en tiras. Espolvorea con sal y cubre con maicena. Calentar 10 ml/2 cucharaditas de aceite en un wok, remover y verter. Repita una vez más. Calienta el aceite restante y fríe el pollo y el chile por 1 minuto. Agrega la leche de coco y deja hervir. Agrega la ralladura de limón y cocina a fuego lento durante 5 minutos. Agrega los lichis, sazona con nuez moscada, sal y pimienta y sirve adornado con melisa.

sopa de almejas

Para 4 personas

2 champiñones chinos secos
12 almejas remojadas y lavadas
1.5 L/2½ pt/6 tazas de caldo de pollo
50 g de brotes de bambú rallados
50 g de tirabeques (guisantes), cortados por la mitad
2 cebolletas (cebolletas), cortadas en aros
15 ml/1 cucharada de vino de arroz o jerez seco
una pizca de pimienta recién molida

Remojar los champiñones en agua tibia durante 30 minutos y luego escurrirlos. Retire los tallos y corte las tapas por la mitad. Cocine las almejas al vapor durante unos 5 minutos hasta que se abran; descartar las que permanecen cerradas. Retire las almejas de sus conchas. Llevar el caldo a ebullición y añadir los champiñones, los brotes de bambú, los guisantes y las cebolletas. Cocine, descubierto, durante 2 minutos. Agregue las almejas, el vino o el jerez y la pimienta y cocine a fuego lento hasta que esté completamente caliente.

sopa de huevo

Para 4 personas

1.2 L/2 pt/5 tazas de caldo de pollo

3 huevos batidos

45 ml/3 cucharadas de salsa de soja

sal y pimienta recién molida

4 cebollines (cebolletas), en rodajas

Llevar el caldo a ebullición. Incorpora poco a poco los huevos batidos para que se separen en hebras. Agrega la salsa de soja y sazona al gusto con sal y pimienta. Sirva adornado con cebolletas.

Sopa de cangrejo y vieiras

Para 4 personas

4 champiñones chinos secos
15 ml/1 cucharada de aceite de maní (cacahuete).
1 huevo batido
1.5 L/2½ pt/6 tazas de caldo de pollo
175 g de carne de cangrejo, desmenuzada
100 g de vieiras sin cáscara, en rodajas
100 g de brotes de bambú, en rodajas
2 cebolletas (cebolletas), picadas
1 rodaja de raíz de jengibre, picada
unas gambas cocidas y peladas (opcional)
45 ml/3 cucharadas de harina de maíz (almidón de maíz)
90 ml/6 cucharadas de agua
30 ml/2 cucharadas de vino de arroz o jerez seco
20 ml/4 cucharaditas de salsa de soja
2 claras de huevo

Remojar los champiñones en agua tibia durante 30 minutos y luego escurrirlos. Retire los tallos y corte las tapas en rodajas finas. Calentar el aceite, añadir el huevo e inclinar la sartén para que el huevo cubra el fondo. Cocine hasta tamizar, luego voltear y cocinar por el otro lado. Retirar de la sartén, enrollar y cortar en tiras finas.

Llevar el caldo a ebullición, añadir los champiñones, las tiras de huevo, la carne de cangrejo, las vieiras, los brotes de bambú, las cebolletas, el jengibre y las gambas, si se utilizan. Llevar nuevamente a ebullición. Mezcle la maicena con 60 ml/4 cucharadas de agua, vino o salsa de jerez y soja y agregue a la sopa. Cocine a fuego lento, revolviendo hasta que la sopa espese. Batir las claras con el agua restante y verter lentamente la mezcla en la sopa, revolviendo vigorosamente.

sopa de cangrejo

Para 4 personas

90 ml/6 cucharadas de aceite de maní (maní).
3 cebollas picadas
225 g de carne de cangrejo blanco y marrón
1 rodaja de raíz de jengibre, picada
1.2 L/2 pt/5 tazas de caldo de pollo
150 ml/¼ pt/ taza de vino de arroz o jerez seco
45 ml/3 cucharadas de salsa de soja
sal y pimienta recién molida

Calentar el aceite y sofreír las cebollas hasta que estén blandas pero no doradas. Agrega la carne de cangrejo y el jengibre y sofríe durante 5 minutos. Agrega el caldo, el vino o jerez y la salsa de soja, sazona con sal y pimienta. Llevar a ebullición y luego cocinar a fuego lento durante 5 minutos.

Sopa de pescado

Para 4 personas

225 g de filetes de pescado
1 rodaja de raíz de jengibre, picada
15 ml/1 cucharada de vino de arroz o jerez seco
30 ml/2 cucharadas de aceite de maní (maní).
1,5 l/2½ pt/6 tazas de caldo de pescado

Cortar el pescado en tiras finas a contrapelo. Mezclar el jengibre, el vino o jerez y el aceite, añadir el pescado y mezclar suavemente. Dejar marinar durante 30 minutos, revolviendo ocasionalmente. Llevar a ebullición el caldo, añadir el pescado y cocinar a fuego lento durante 3 minutos.

Sopa de pescado y lechuga

Para 4 personas

225 g de filetes de pescado blanco
30 ml/2 cucharadas de harina (para todo uso).
sal y pimienta recién molida
90 ml/6 cucharadas de aceite de maní (maní).
6 cebollines (cebolletas), en rodajas
100 g de lechuga, rallada
1,2 L/2 pt/5 tazas de agua
10 ml/2 cucharaditas de raíz de jengibre finamente picada
150 ml/¼ pt/abundante ½ taza de vino de arroz o jerez seco
30 ml/2 cucharadas de harina de maíz (almidón de maíz)
30 ml/2 cucharadas de perejil fresco picado
10 ml/2 cucharaditas de jugo de limón
30 ml/2 cucharadas de salsa de soja

Corta el pescado en tiras finas y luego cúbrelo con la harina sazonada. Calentar el aceite y sofreír las cebolletas hasta que estén tiernas. Agrega la lechuga y saltea durante 2 minutos. Agrega el pescado y cocina por 4 minutos. Agrega el agua, el jengibre y el vino o jerez, lleva a ebullición, tapa y cocina a fuego lento durante 5 minutos. Mezcla la maicena con un poco de agua y luego agrégala a la sopa. Cocine a fuego lento, revolviendo durante otros 4 minutos hasta que la sopa

aligerarlo y luego sazonar con sal y pimienta. Servir espolvoreado con perejil, jugo de limón y salsa de soja.

Sopa de jengibre con albóndigas

Para 4 personas

Trozos de 5 cm de raíz de jengibre rallada

350 g de azúcar moreno

1,5 L/2½ pt/7 tazas de agua

225 g/8 oz/2 tazas de harina de arroz

2,5ml/½ cucharadita de sal

60 ml/4 cucharadas de agua

Coloca el jengibre, el azúcar y el agua en una cacerola y lleva a ebullición, revolviendo. Tapar y cocinar durante unos 20 minutos. Escurre la sopa y regrésala a la sartén.

Mientras tanto, coloca en un bol la harina y la sal y mezcla poco a poco con suficiente agua hasta obtener una masa espesa. Formar bolitas y verter los ñoquis en la sopa. Vuelva a hervir la sopa, tape y cocine a fuego lento durante 6 minutos más hasta que las albóndigas estén cocidas.

Sopa agridulce

Para 4 personas

8 champiñones chinos secos
1 L/1¾ pt/4¼ tazas de caldo de pollo
100 g de pollo cortado en tiras
100 g de brotes de bambú, cortados en tiras
100 g de tofu, cortado en tiras
15 ml/1 cucharada de salsa de soja
30 ml/2 cucharadas de vinagre de vino
30 ml/2 cucharadas de harina de maíz (almidón de maíz)
2 huevos batidos
unas gotas de aceite de sésamo

Remojar los champiñones en agua tibia durante 30 minutos y luego escurrirlos. Retire los tallos y corte las tapas en tiras. Llevar a ebullición los champiñones, el caldo, el pollo, los brotes de bambú y el tofu, tapar y cocinar a fuego lento durante 10 minutos. Mezcle la salsa de soja, el vinagre de vino y la maicena hasta que quede suave, agréguelo a la sopa y cocine a fuego lento durante 2 minutos hasta que la sopa esté transparente. Agrega lentamente los huevos y el aceite de sésamo, mezclando con un palillo. Tapar y dejar reposar 2 minutos antes de servir.

Sopa de champiñones

Para 4 personas

15 champiñones chinos secos
1.5 L/2½ pt/6 tazas de caldo de pollo
5 ml/1 cucharadita de sal

Remojar los champiñones en agua tibia durante 30 minutos y luego escurrirlos reservando el líquido. Retire los tallos y corte las tapas por la mitad si son grandes y colóquelas en un recipiente grande resistente al calor. Coloque el bol sobre una rejilla en una vaporera. Llevar el caldo a ebullición, verterlo sobre los champiñones, tapar y cocinar al vapor durante 1 hora en agua hirviendo. Sazonar con sal y servir.

Sopa de champiñones y repollo

Para 4 personas

25 g de champiñones chinos secos
15 ml/1 cucharada de aceite de maní (cacahuete).
50 g/2 oz de hojas chinas picadas
15 ml/1 cucharada de vino de arroz o jerez seco
15 ml/1 cucharada de salsa de soja
1.2 L/2 pts/5 tazas de caldo de pollo o verduras
sal y pimienta recién molida
5 ml/1 cucharadita de aceite de sésamo

Remojar los champiñones en agua tibia durante 30 minutos y luego escurrirlos. Retire los tallos y corte las tapas. Calentar el aceite y sofreír los champiñones y las hojas chinas durante 2 minutos hasta que estén bien cubiertos. Desglasar con el vino o jerez y salsa de soja, luego añadir el caldo. Llevar a ebullición, sazonar con sal y pimienta y cocinar a fuego lento durante 5 minutos. Espolvorea con aceite de sésamo antes de servir.

Sopa De Huevo Y Champiñones

Para 4 personas

1 L/1¾ pt/4¼ tazas de caldo de pollo

30 ml/2 cucharadas de harina de maíz (almidón de maíz)

100 g de champiñones, en rodajas

1 rodaja de cebolla, finamente picada

pizca de sal

3 gotas de aceite de sésamo

2,5 ml/½ cucharadita de salsa de soja

1 huevo batido

Mezclar un poco de caldo con la maicena, luego licuar todos los ingredientes menos el huevo. Llevar a ebullición, tapar y cocinar a fuego lento durante 5 minutos. Agrega el huevo, removiendo con un palillo para que el huevo forme hebras. Retirar del fuego y dejar reposar 2 minutos antes de servir.

Sopa de champiñones y castañas en agua

Para 4 personas

1 L/1¾ pt/4¼ tazas de caldo de verduras o agua
2 cebollas, finamente picadas
5 ml/1 cucharadita de vino de arroz o jerez seco
30 ml/2 cucharadas de salsa de soja
225 g de champiñones
100 g de castañas de agua, en rodajas
100 g de brotes de bambú, en rodajas
unas gotas de aceite de sésamo
2 hojas de lechuga, cortadas en trozos
2 cebolletas (cebolletas), cortadas en trozos

Llevar a ebullición el agua, la cebolla, el vino o la salsa de jerez y soja, tapar y cocinar a fuego lento durante 10 minutos. Añade las setas, las castañas de agua y los brotes de bambú, tapa y cocina a fuego lento durante 5 minutos. Agrega el aceite de sésamo, las hojas de lechuga y las cebolletas, retira del fuego, tapa y deja reposar 1 minuto antes de servir.

Sopa De Cerdo Y Champiñones

Para 4 personas

60 ml/4 cucharadas de aceite de maní (maní).

1 diente de ajo, machacado

2 cebollas, rebanadas

225 g de carne magra de cerdo, cortada en tiras

1 tallo de apio, picado

50 g de champiñones, en rodajas

2 zanahorias, en rodajas

1.2 L/2 pt/5 tazas de caldo de res

15 ml/1 cucharada de salsa de soja

sal y pimienta recién molida

15 ml/1 cucharada de harina de maíz (almidón de maíz)

Calienta el aceite y saltea el ajo, la cebolla y la carne de cerdo hasta que la cebolla esté suave y ligeramente dorada. Añade el apio, los champiñones y las zanahorias, tapa y cocina a fuego lento durante 10 minutos. Lleva el caldo a ebullición, luego agrégalo a la sartén con la salsa de soja y sazona al gusto con sal y pimienta. Mezcla la maicena con un poco de agua, luego viértela en la sartén y cocina a fuego lento, revolviendo, durante unos 5 minutos.

Sopa de cerdo y berros

Para 4 personas

1.5 L/2½ pt/6 tazas de caldo de pollo

100 g de carne magra de cerdo cortada en tiras

3 ramas de apio, cortadas en diagonal

2 cebolletas (cebolletas), cortadas en rodajas

1 manojo de berros

5 ml/1 cucharadita de sal

Llevar el caldo a ebullición, agregar la carne de cerdo y el apio, tapar y cocinar a fuego lento durante 15 minutos. Agregue las cebolletas, los berros y la sal y cocine a fuego lento, sin tapar, durante unos 4 minutos.

Sopa De Cerdo Y Pepino

Para 4 personas

100 g de carne magra de cerdo, en rodajas finas

5 ml/1 cucharadita de harina de maíz (almidón de maíz)

15 ml/1 cucharada de salsa de soja

15 ml/1 cucharada de vino de arroz o jerez seco

1 pepino

1.5 L/2½ pt/6 tazas de caldo de pollo

5 ml/1 cucharadita de sal

Agregue la carne de cerdo, la maicena, la salsa de soja y el vino o jerez. Mezcle para cubrir la carne de cerdo. Pela el pepino y córtalo por la mitad a lo largo, luego quítale las semillas. Cortar en trozos grandes. Llevar el caldo a ebullición, añadir la carne de cerdo, tapar y cocinar a fuego lento durante 10 minutos. Agrega el pepino y cocina a fuego lento durante unos minutos hasta que esté transparente. Agrega la sal y agrega un poco más de salsa de soja, si lo deseas.

Sopa con albóndigas y tallarines

Para 4 personas

50 g de fideos de arroz

225 g de carne de cerdo molida (picada).

5 ml/1 cucharadita de harina de maíz (almidón de maíz)

2,5ml/½ cucharadita de sal

30 ml/2 cucharadas de agua

1.5 L/2½ pt/6 tazas de caldo de pollo

1 cebolleta (cebolleta), finamente picada

5 ml/1 cucharadita de salsa de soja

Remoja los tallarines en agua fría mientras preparas las albóndigas. Mezclar la carne de cerdo, la maicena, un poco de sal y agua y formar bolitas del tamaño de una nuez. Ponga a hervir agua en una cacerola, vierta las albóndigas de cerdo, tape y cocine a fuego lento durante 5 minutos. Escurrir bien y escurrir los tallarines. Llevar el caldo a ebullición, añadir las albóndigas de cerdo y los fideos, tapar y cocinar a fuego lento durante 5 minutos. Agregue la cebolleta, la salsa de soja y la sal restante y cocine a fuego lento durante 2 minutos más.

Sopa De Espinacas Y Tofu

Para 4 personas

1.2 L/2 pt/5 tazas de caldo de pollo

200 g de tomates enlatados, escurridos y picados

225 g de tofu, cortado en cubitos

225 g de espinacas picadas

30 ml/2 cucharadas de salsa de soja

5 ml/1 cucharadita de azúcar moreno

sal y pimienta recién molida

Lleve el caldo a ebullición, luego agregue los tomates, el tofu y las espinacas y revuelva suavemente. Vuelva a hervir y cocine a fuego lento durante 5 minutos. Agrega la salsa de soja y el azúcar y sazona al gusto con sal y pimienta. Cocine a fuego lento durante 1 minuto antes de servir.

Sopa de maíz dulce y cangrejo

Para 4 personas

1.2 L/2 pt/5 tazas de caldo de pollo
200 g de maíz dulce
sal y pimienta recién molida
1 huevo batido
200 g de carne de cangrejo, desmenuzada
3 chalotes, picados

Llevar a ebullición el caldo, agregar el maíz dulce, sazonar con sal y pimienta. Cocine a fuego lento durante 5 minutos. Justo antes de servir, vierta los huevos con un tenedor y revuélvalos sobre la sopa. Sirva espolvoreado con carne de cangrejo y chalotas picadas.

sopa de sichuan

Para 4 personas

4 champiñones chinos secos
1.5 L/2½ pt/6 tazas de caldo de pollo
75 ml/5 cucharadas de vino blanco seco
15 ml/1 cucharada de salsa de soja
2,5 ml/½ cucharadita de salsa de chile
30 ml/2 cucharadas de harina de maíz (almidón de maíz)
60 ml/4 cucharadas de agua
100 g de carne magra de cerdo cortada en tiras
50 g de jamón cocido cortado en tiras
1 pimiento rojo, cortado en tiras
50 g de castañas de agua, en rodajas
10 ml/2 cucharaditas de vinagre de vino
5 ml/1 cucharadita de aceite de sésamo
1 huevo batido
100 g de gambas peladas
6 cebolletas (cebolletas), picadas
175 g de tofu cortado en cubitos

Remojar los champiñones en agua tibia durante 30 minutos y luego escurrirlos. Retire los tallos y corte las tapas. Trae el caldo, el vino, la soja.

la salsa y la salsa picante hasta que hierva, cubra y cocine a fuego lento durante 5 minutos. Licúa la maicena con la mitad del agua y agrega a la sopa, revolviendo hasta que espese. Añade los champiñones, el cerdo, el jamón, el pimiento y las castañas de agua y cocina a fuego lento durante 5 minutos. Agrega el vinagre de vino y el aceite de sésamo. Batir el huevo con el agua restante y verterlo en la sopa, revolviendo vigorosamente. Agregue las gambas, las cebolletas y el tofu y cocine a fuego lento durante unos minutos para que se calienten.

sopa de tofu

Para 4 personas

1.5 L/2½ pt/6 tazas de caldo de pollo
225 g de tofu, cortado en cubitos
5 ml/1 cucharadita de sal
5 ml/1 cucharadita de salsa de soja

Llevar a ebullición el caldo y añadir el tofu, la sal y la salsa de soja. Cocine a fuego lento durante unos minutos hasta que el tofu esté caliente.

Sopa de tofu y pescado

Para 4 personas

225 g de filetes de pescado blanco cortados en tiras
150 ml/¼ pt/abundante ½ taza de vino de arroz o jerez seco
10 ml/2 cucharaditas de raíz de jengibre finamente picada
45 ml/3 cucharadas de salsa de soja
2,5ml/½ cucharadita de sal
60 ml/4 cucharadas de aceite de maní (maní).
2 cebollas picadas
100 g de champiñones, en rodajas
1.2 L/2 pt/5 tazas de caldo de pollo
100 g de tofu, cortado en cubitos
sal y pimienta recién molida

Coloca el pescado en un bol. Mezclar el vino o jerez, el jengibre, la salsa de soja y la sal y verter sobre el pescado. Dejar marinar durante 30 minutos. Calentar el aceite y sofreír la cebolla durante 2 minutos. Agrega los champiñones y continúa friendo hasta que las cebollas estén suaves pero no doradas. Añade el pescado y la marinada, lleva a ebullición, tapa y cocina a fuego lento durante 5 minutos. Añade el caldo, vuelve a hervir, tapa y cocina a fuego lento durante 15 minutos. Agrega el tofu y sazona al gusto con sal y pimienta. Cocine hasta que el tofu esté cocido.

Sopa de tomate

Para 4 personas

400 g de tomates enlatados, escurridos y picados
1.2 L/2 pt/5 tazas de caldo de pollo
1 rodaja de raíz de jengibre, picada
15 ml/1 cucharada de salsa de soja
15 ml/1 cucharada de salsa de chile y frijoles
10ml/2 cucharaditas de azúcar

Coloca todos los ingredientes en una cacerola y lleva a ebullición lentamente, revolviendo ocasionalmente. Cocine durante unos 10 minutos antes de servir.

Sopa De Tomate Y Espinacas

Para 4 personas

1.2 L/2 pt/5 tazas de caldo de pollo

225 g de tomates picados enlatados

225 g de tofu, cortado en cubitos

225 g de espinacas

30 ml/2 cucharadas de salsa de soja

sal y pimienta recién molida

2,5ml/½ cucharadita de azúcar

2,5 ml/½ cucharadita de vino de arroz o jerez seco

Lleve el caldo a ebullición, luego agregue los tomates, el tofu y las espinacas y cocine a fuego lento durante 2 minutos. Agregue los ingredientes restantes y cocine a fuego lento durante 2 minutos, luego mezcle bien y sirva.

Sopa De Nabo

Para 4 personas

1 L/1¾ pt/4¼ tazas de caldo de pollo
1 nabo grande, cortado en rodajas finas
200 g de carne magra de cerdo, en rodajas finas
15 ml/1 cucharada de salsa de soja
60ml/4 cucharadas de brandy
sal y pimienta recién molida
4 chalotes, finamente picados

Llevar a ebullición el caldo, añadir el nabo y la carne de cerdo, tapar y cocinar a fuego lento durante 20 minutos hasta que el nabo esté tierno y la carne cocida. Agrega la salsa de soja y el brandy, sazona al gusto. Cocine hasta que esté caliente y sirva espolvoreado con chalotas.

Sopa

Para 4 personas

6 champiñones chinos secos
1 L/1¾ pt/4¼ tazas de caldo de verduras
50 g de brotes de bambú, cortados en tiras
50 g de castañas de agua, en rodajas
8 tirabeques (chícharos), rebanados
5 ml/1 cucharadita de salsa de soja

Remojar los champiñones en agua tibia durante 30 minutos y luego escurrirlos. Retire los tallos y corte las tapas en tiras. Añádelas al caldo con los brotes de bambú y las castañas de agua y lleva a ebullición, tapa y cocina a fuego lento durante 10 minutos. Añade los tirabeques y la salsa de soja, tapa y cocina a fuego lento durante 2 minutos. Dejar reposar 2 minutos antes de servir.

sopa vegetariana

Para 4 personas

¼ de repollo

2 zanahorias

3 tallos de apio

2 cebolletas (chalotes)

30 ml/2 cucharadas de aceite de maní (maní).

1,5 L/2½ pt/6 tazas de agua

15 ml/1 cucharada de salsa de soja

15 ml/1 cucharada de vino de arroz o jerez seco

5 ml/1 cucharadita de sal

pimienta recién molida

Corta las verduras en tiras. Calentar el aceite y sofreír las verduras durante 2 minutos hasta que empiecen a ablandarse. Añade el resto de los ingredientes, lleva a ebullición, tapa y cocina a fuego lento durante 15 minutos.

sopa de berro

Para 4 personas

1 L/1¾ pt/4¼ tazas de caldo de pollo
1 cebolla, finamente picada
1 tallo de apio, finamente picado
225 g de berros, picados en trozos grandes
sal y pimienta recién molida

Llevar a ebullición el caldo, la cebolla y el apio, tapar y cocinar a fuego lento durante 15 minutos. Agrega los berros, tapa y cocina a fuego lento durante 5 minutos. Condimentar con sal y pimienta.

Pescado Frito Con Verduras

Para 4 personas

4 champiñones chinos secos
4 pescados enteros, limpios y descamados
freír aceite
30 ml/2 cucharadas de harina de maíz (almidón de maíz)
45 ml/3 cucharadas de aceite de maní (maní).
100 g de brotes de bambú, cortados en tiras
50 g de castañas de agua cortadas en tiras
50 g de bok choy, picado
2 rodajas de raíz de jengibre, picada
30 ml/2 cucharadas de vino de arroz o jerez seco
30 ml/2 cucharadas de agua
15 ml/1 cucharada de salsa de soja
5ml/1 cucharadita de azúcar
120 ml/4 fl oz/¬Ω taza de caldo de pescado
sal y pimienta recién molida
¬Ω lechuga rallada
15 ml/1 cucharada de perejil de hoja plana picado

Remojar los champiñones en agua tibia durante 30 minutos y luego escurrirlos. Retire los tallos y corte las tapas. Espolvorea el pescado hasta la mitad.

harina de maíz y sacudir el exceso. Calentar el aceite y freír el pescado durante unos 12 minutos hasta que esté cocido. Escurrir sobre papel de cocina y mantener caliente.

Calentar el aceite y sofreír las setas, los brotes de bambú, las castañas de agua y la col durante 3 minutos. Añade el jengibre, el vino o jerez, 15ml/1 cucharada de agua, la salsa de soja y el azúcar y sofríe durante 1 minuto. Agrega el caldo, la sal y la pimienta, lleva a ebullición, tapa y cocina a fuego lento durante 3 minutos. Mezclar la maicena con el agua restante, verterla en la sartén y cocinar a fuego lento, revolviendo, hasta que la salsa espese. Coloca la lechuga en un plato para servir y coloca el pescado encima. Vierta sobre las verduras y la salsa y sirva, adornado con perejil.

Pescado Entero Al Horno

Para 4 personas

1 lubina grande o pescado similar
45 ml/3 cucharadas de harina de maíz (almidón de maíz)
45 ml/3 cucharadas de aceite de maní (maní).
1 cebolla, picada
2 dientes de ajo machacados
50 g de jamón cortado en tiras
100 g de gambas peladas
15 ml/1 cucharada de salsa de soja
15 ml/1 cucharada de vino de arroz o jerez seco
5ml/1 cucharadita de azúcar
5 ml/1 cucharadita de sal

Cubre el pescado con maicena. Calentar el aceite y sofreír la cebolla y el ajo hasta que estén dorados. Agrega el pescado y sofríe hasta que esté dorado por ambos lados. Transfiera el pescado a una hoja de papel de aluminio en una fuente para horno y cubra con jamón y camarones. Agrega la salsa de soja, el vino o jerez, el azúcar y la sal a la sartén y mezcla bien. Vierta sobre el pescado, cierre el papel de aluminio por encima y hornee en el horno precalentado a 150 ºC/ 300 ºF/termostato 2 durante 20 minutos.

Pescado con soja estofado

Para 4 personas

1 lubina grande o pescado similar

sal

50 g/2 oz/½ taza de harina común (para todo uso).

60 ml/4 cucharadas de aceite de maní (maní).

3 rodajas de raíz de jengibre, picada

3 cebolletas (cebolletas), picadas

250 ml/8 fl oz/1 taza de agua

45 ml/3 cucharadas de salsa de soja

15 ml/1 cucharada de vino de arroz o jerez seco

2,5 ml/½ cucharadita de azúcar

Limpiar y escamar el pescado y marcarlo en diagonal por ambos lados. Espolvoreamos con sal y dejamos reposar 10 minutos. Calentar el aceite y freír el pescado hasta que esté dorado por ambos lados, volteándolo una vez y rociándolo con aceite durante la cocción. Añade el jengibre, las cebolletas, el agua, la salsa de soja, el vino o jerez y el azúcar, lleva a ebullición, tapa y cocina a fuego lento durante 20 minutos hasta que el pescado esté cocido. Servir caliente o frío.